三聯人文書系

陳平原 主編

如何認識歷史人物的「歷史問題」？

楊奎松 著

三聯人文書系
主　　編　陳平原
責任編輯　蘇健偉
書籍設計　吳冠曼

書　　名　如何認識歷史人物的「歷史問題」？
著　　者　楊奎松
出　　版　三聯書店（香港）有限公司
香港北角英皇道四九九號北角工業大廈二十樓
Joint Publishing (H.K.) Co., Ltd.
20/F., North Point Industrial Building,
499 King's Road, North Point, Hong Kong
香港發行　香港聯合書刊物流有限公司
香港新界荃灣德士古道二二〇至二四八號十六樓
印　　刷　美雅印刷製本有限公司
香港九龍觀塘榮業街六號四樓A室
版　　次　二〇二三年十月香港第一版第一次印刷
二〇二四年二月香港第一版第二次印刷
規　　格　大三十二開（141×210 mm）一七六面
國際書號　ISBN 978-962-04-5385-4

總序

陳平原

老北大有門課程，專教「學術文」。在設計者心目中，同屬文章，可以是天馬行空的「文藝文」，也可以是步步為營的「學術文」，各有其規矩，也各有其韻味。所有的「滿腹經綸」，一旦落在紙上，就可能或已經是「另一種文章」了。記得章學誠說過：「夫史所載者，事也；事必藉文而傳，故良史莫不工文。」我略加發揮：不僅「良史」，所有治人文學的，大概都應該工於文。

我想像中的人文學，必須是學問中有「人」——喜怒哀樂，感慨情懷，以及特定時刻的個人心境等，都制約着我們對課題的選擇以及研究的推進；另外，學問中還要有「文」——起碼是努力超越世人所理解的「學問」與「文章」之間的巨大鴻溝。胡適曾提及清人崔述讀書從韓柳文入手，最後成為一代學者；而歷史學家錢穆，早年也花了很大功夫學習韓愈文章。有此「童子功」的學者，對歷史資料的解讀會別有會心，更不要說對自己文章的刻意經營了。當然，學問千差萬別，文章更是無一定之規，今人著述，盡可別立新宗，不見得非追韓摹柳不可。

錢穆曾提醒學生余英時：「鄙意論學文字極宜着意修飾。」我相信，此乃老一輩學者的共同追求。不僅思慮「説什麼」，還在斟酌「怎麼説」，故其著書立説，「學問」之外，還有「文章」。當然，這裡所説的「文章」，並非滿紙「落霞秋水」，而是追求佈局合理、筆墨簡潔，論證嚴密；行有餘力，方才不動聲色地來點「高難度動作表演」。

與當今中國學界之極力推崇「專著」不同，我欣賞精彩的單篇論文；就連自家買書，也都更看好篇幅不大的專題文集，而不是疊床架屋的高頭講章。前年撰一《懷念「小書」》的短文，提及「現在的學術書，之所以越寫越厚，有的是專業論述的需要，但很大一部分是因為缺乏必要的剪裁，以眾多陳陳相因的史料或套語來充數」。外行人以為，書寫得那麼厚，必定是下了很大功夫。其實，有時並非功夫深，而是不夠自信，不敢單刀赴會，什麼都來一點，以示全面；如此不分青紅皂白，眉毛鬍子一把抓，才把書弄得那麼臃腫。只是風氣已然形成，身為專家學者，沒有四五十萬字，似乎不好意思出手了。

類似的抱怨，我在好多場合及文章中提及，也招來一些掌聲或譏諷。那天港島聚會，跟香港三聯書店總編輯陳翠玲偶然談起，沒想到她當場拍板，要求我「坐而言，起而行」，替他們主編一套「小而可貴」的叢書。為何對方反應如此神速？原來香港三聯向有出版大師、名家「小作」的傳統，他們現正想為書店創立六十週年再籌畫一套此類叢書，而我竟自己撞到槍口上來了。

記得周作人的《中國新文學的源流》一九三二年出版，也就五萬字左右，錢鍾書對周書有所批評，但還是承認：「這是一本小而可貴的書，正如一切的好書一樣，它不僅給讀者以有系統的事實，而且能引起讀者許多反想。」稱周書「有系統」，實在有點勉強；但要說引起「許多反想」，那倒是真的——時至今日，此書還在被人閱讀、批評、引證。像這樣「小而可貴」、「能引起讀者許多反想」的書，現在越來越少。既然如此，何不嘗試一下？

早年醉心散文，後以民間文學研究著稱的鍾敬文，晚年有一妙語：「我從十二三歲起就亂寫文章，今年快百歲了，寫了一輩子，到現在你問我有幾篇可以算作論文，我看也就是有三五篇，可能就三篇吧。」如此自嘲，是在提醒那些在「量化指標」驅趕下拚命趕工的現代學者，悠着點，慢工方能出細活。我則從另一個角度解讀：或許，對於一個成熟的學者來說，三五篇代表性論文，確能體現其學術上的志趣與風貌；而對於讀者來說，經由十萬字左右的文章，進入某一專業課題，看高手如何「翻雲覆雨」，也是一種樂趣。

與其興師動眾，組一個龐大的編委會，經由一番認真的提名與票選，得到一張左右支絀的「英雄譜」，還不如老老實實承認，這既非學術史，也不是排行榜，只是一個興趣廣泛的讀書人，以他的眼光、趣味與人脈，勾勒出來的「當代中國人文學」的某一側影。若天遂人願，舊雨新知不斷加盟，衣食父母繼續捧場，叢書能延續較長一段時間，我相信，這一「圖景」會日漸完善的。

最後，有三點技術性的說明：第一，作者不限東西南北，只求以漢語寫作；第二，學科不論古今中外，目前僅限於人文學；第三，不敢有年齡歧視，但以中年為主——考慮到中國大陸的歷史原因，選擇改革開放後進入大學或研究院者。這三點，也是為了配合出版機構的宏願。

二〇〇八年五月二日

於香港中文大學客舍

目錄

代前言

一

我已經記不得他的名字了，但是他那剛過了而立之年，就已顯出蒼老的面孔和略帶佝僂的身軀卻總是會浮現到我的眼前來。

記得我頭一次看見他的時候，只覺得他又矮又小又老又瘦，一副猥瑣的樣子。當時獄警拉開牢門時，他畢恭畢敬地弓背低首，面對牢門，滿臉堆笑，活脫脫一個油頭滑腦的老犯人。

那天我剛剛從北京炮局看守所拉回工廠去，掛上「現行反革命」的大牌子，在全廠職工大會上批鬥過，才給拉到這個新的地方來，連東南西北都沒弄清楚。看到他，馬上就聯想到革命電影裡見過的那些壞人。因此，當獄警在我身後把牢門「哐噹」一聲鎖上後，摸不清狀況的我完全沒有想要搭理他。

沒想到，獄警的腳步聲剛從門口離開，他就一步踏上用十幾根高低不平的光溜溜的半圓木拼成的床鋪上，從我手裡奪過獄警給我的一床薄薄的、裡面的棉絮滿是窟窿的被子，幫我疊好放在床的裡頭。然後告訴我：我剛進來，肯定還不習慣這個高低不平的床板，他已經習慣了，因此他把稍微平一點的中間讓給我睡。同時壓低嗓門告訴我牢房裡「政府」——他總是把這兩個字掛在嘴邊上——定的各種規矩：如早上看守所的電鈴一響就要起床；起床後要疊好被子放在床的裡頭；犯人白天不能站在床上或床頭地上，必須要下床面對門坐在床頭；床頭的塑料桶是馬桶，用後一定要蓋嚴；每天上午飯後會放人出去倒馬桶，必須跑步去甬道頭上的廁所倒淨沖洗後返回號裡；一週有兩次放風，每次放風半小時，一個號一個號地放人出去，同樣要跑步前進，進至指定的放風間，不許和其他號的犯人接觸；等等。

同屋還有一個比我稍小些的犯人，只有十八九歲。當天我就知道了他和我都是因天安門事件進來的。他是在四月四日當晚下夜班後沒事，陪著師傅到天安門廣場看熱鬧，意外趕上了清場，被抓了進來。儘管他只不過看個熱鬧，卻因為他師傅當晚幫抄詩的人大聲唸詩被抓，他竟然也被抓來陪關到現在，整整三個月了。他進來後只被審了兩三次，就再也沒人理他了。一提到自己的師傅和他家裡人，他就會撲簌簌地掉眼淚。

我剛進來的那些日子，幾乎天天被押去審問，一審就幾個小時。每次被提出牢房後，他們兩人都會偷偷地站在床板上扒著窗戶，透過被油漆過的玻璃縫隙，看我被便衣警察從一樓側門押著去了什麼方向。每次回來，牢門剛一關上，老犯人就會馬上把已經涼了的飯菜遞到我的手上，催著我把飯吃完。

監獄裡的飯千篇一律。每頓一個窩頭（每週週日會給吃一個饅頭），一碗「菜湯」。那湯不過是開水煮幾片小菜葉，再加水面上浮著星星點點的明油罷了。我的飯量不大，關在獄裡又不運動，一個饅頭也還湊合。但那個才十幾歲的徒工就不行了。我進來後發現，似乎已經成了一種習慣，老犯人常常會把自己的窩頭，分一小半給他。

老犯人在牢房裡最拿手的餘興節目是唱歌。他的嗓音不錯，雖然不敢讓獄警聽到，聲音放得很小，但是他小聲哼唱的那些我聽也沒聽過的各種中外歌曲，還是會讓我覺得即使在牢裡，日子有時候過得也還算得上心曠神怡。我也因此從他那裡學了上百首歌曲。

其實，在被關進這裡幾天後，我就知道了老犯人的大致經歷。先是小犯人告訴我他是小偷，然後是他主動告訴了我他從十幾歲開始，因偷竊幾次被教養，到被判刑的經過。說起來，我和父親去幹校前夕，曾全家一同去前門大柵欄逛街，帶買下鄉用的棉大衣等。可就在公共汽車上，父親被小偷偷去了全部準備用來逛街、吃飯和買衣服的錢，包括全家人好不容易積攢了將近一年的布票、棉票。結果，一家人街也沒逛，東西也沒買，就掃興而歸了。因此，對小偷，我是十分反感和憤恨的。當年看到街上憤怒的人們圍毆從公共汽車上抓到的小偷時，總是覺得該打。可是，當這位稱得上是慣偷的老犯人把他的經歷講給我聽之後，對他我卻無論如何也恨不起來了。

說來奇怪，我過去印象中的小偷，一定是家境很差，缺吃少穿的窮人子弟。然而，老犯人的家竟是書香門第。其父母都受過高等教育，母親還是北京市某名牌小學的校長。家裡既不愁吃，也不愁穿，他從小還學過彈琴，會識五線譜，很喜歡音樂，而且看了很多閒書。他也不知道為什麼，只因為有一次捱打躲出去，連著兩天沒回家，跟一個大些的孩子去偷人家的東西被抓，從此就走上了偷竊的道路。導致這種情況的一個重要原因，是因為其家教過嚴。他被抓後，母親因自尊心過強，覺得有辱家門，堅持不去領他。後來父母堅持，經派出所同意，把他送進了工讀學校。在那裡，他有了更多的壞朋友，並且學會了更專業的偷竊手法，出來後真的成了小偷了。

當然，每次被抓到後，他都想過要改掉偷竊的毛病。但他告訴我說，染上這個毛病，來錢太容易，人就像是吸了鴉片上了癮似的，一有機會在眼前，手就癢得不行。終於，他在十五歲時趕上「嚴打」，被送去勞教了幾年。出來後，生活無著，也無家可回，只能再度偷竊，再度被抓。後來又趕上新的「嚴打」，作為屢犯，又超過了法定年齡，因此被判了七年刑。再出來的時候，他已經將近三十歲了，還是既無工作經歷，又沒有單位接收，城裡無處立腳，又趕上戰備疏散，街道上一紙報告，就把他定為「四類分子」，直接送去延慶山村裡交貧下中農實行管制勞動去了。

二

這個時候，我已經大致弄清了關押我的這個地方。這是北京第一監獄看守所，靠近陶然亭半步橋，因而又叫半步橋監獄看守所。這裡有兩座過去日本人留下來的關押犯人的舊牢房。一個從空中看上去是個K字，因此叫「K字樓」，有四個甬道，上下四層。一個從空中看上去是五個爪形，像個王八，故犯人們都叫它「王八樓」，有五個甬道，上下兩層。據說「K字樓」裡主要關一些刑事犯人，而王八樓裡主要關的是政治犯。因此，老犯人的自述還是讓我多少有些納悶：他怎麼會住到這個主要關押政治犯的地方來了呢？

一九七六年七月，我入獄兩三週後的一天後半夜，突然間天搖地動，把我們全都從睡夢中驚醒過來。滿樓道裡犯人們大呼小叫，砸門哭鬧，恐慌至極。但是，因為監獄把牢房的門統統換了包有厚厚鐵皮的沉重木門，只在齊眉高的地方為方便獄警監視犯人的動靜，從外面開了一扇小鐵窗，必須從外面拉開才能打開。對外的窗戶，又全部刷上了厚厚的油漆。因此，犯人們幾乎無法得知外面的任何情況。儘管所有人馬上意識到這是極劇烈的地震，但因獄警全不知去了哪裡，甬道裡完全沒有人回應，故犯人們聲音再大，也無能為力，只好聽天由命。

我們那個號裡的小犯人也嚇得喊啞了嗓子，兀自坐在床鋪邊哭泣。老犯人雖然摟著小犯人的肩頭想安慰小犯人，但是牢房每震顫一次，他都會神經質地嘟囔一次「沒關係，沒關係，沒關係……」，直到餘震消失。

記得在那天白天一整天，老犯人一反往常嘻皮笑臉的輕鬆相，一聲不吭地坐在床上，眼睛發呆。我每次試圖和他講話，他都只是心不在焉地嗯嗯兩聲而已。直到晚上熄燈之後，他才突然在我耳邊小聲地問我：「你想你家裡人嗎？」我記得我應了一聲，沒有回答什麼。又過了一會兒，就聽他長歎了一口氣，說：「我媽今年六十歲了。」

整整一個晚上，他把自己的頭包在被子裡面沒有出來。我分明聽到他在暗暗抽泣。

又過了一個多月，因為沒有報紙，沒有廣播，除了白天黑夜，我們誰都搞不清楚過到哪一天了。只知道有一天清晨突然間聽到外面有大喇叭持續不斷地響起震耳的哀樂聲，我們當即猜測是毛主席去世了。

毛主席去世一週多，小犯人意外地被釋放了。那天老犯人顯得十分激動。他悄悄地告訴我，按照他所瞭解的各國的慣例，他估計新的領導人應該會實行大赦。但是，他似乎對自己得到大赦的可能有些擔心。他問我：「如果實行大赦，是不是應該所有犯人都能赦免呢？」我當時有點不以為然。因為小犯人的釋放，並不像是得到了特赦令的樣子，也聽不到甬道裡有更多犯人被釋放的聲音。但是我還是告訴他，如果真有什麼大赦，他這種小偷小摸的犯罪，應該都會被赦免。

直到這個時候，他才對我講了實話。原來，他這次被捕並不是因為偷東西進來的，而是因為犯了「反革命」罪！

一個小偷成了反革命，這聽起來有點像天方夜譚，但卻是真的。

他的變化原因很簡單。他被送去農村管制勞動，作為上面交下來的「四類分子」，在農村中就是劣等種姓，像麻瘋病人一樣，所有的人都唯恐避之不及。他們每天清晨四點鐘就被趕起來打掃村裡的街道，天亮以後再被趕去做最苦最累的工作，直到晚上回來。白天大部分時間都被人看管著。他們所得工分值最低，房子住得最爛，經常吃不飽飯，離村還要打報告，節假日別人放假，他們照樣要勞動。至於年輕人想娶媳婦，則連門兒也沒有。被管制了幾年之後，他和另外一個年輕的「四類分子」終於覺得生不如死，下決心逃跑了。沒想到，兩人沒經驗，以為只要回到城裡就行了，想著一路沿著交通線南下跑出境去。卻不料城裡的革命群眾階級鬥爭的弦繃得更緊，幾天後就給抓了回來。這回更慘，兩個人被接二連三地鬥爭不說，還被吊在房樑上打得死去活來。

此事之後，兩人老實了一段時間。但不知道他們從什麼渠道聽到了臺灣「自由中國」電臺的廣播，裡面說得天花亂墜，說是只要給香港某信箱寫信，就可以得到經費，「反抗壓迫」。於是，這兩個走火入魔的人，竟然信以為真，想著寫封信就能拿到錢，然後再往境外跑。老犯人於是自封為什麼「燕北支隊參謀長」，然後按照廣播中的地址給香港這個信箱寫了一封信。

這封信自然落到了公安機關的手裡，他們兩人也就成了「現行反革命分子」。

聽了老犯人講的情況，我半晌沒說話。我懷疑他們這種人根本不會得到寬宥。雖然當時我並不清楚我有沒有得到特赦的可能，但也沒有把握認定他的罪狀會比我的輕。但他卻明顯地充滿了幻想。他始終認為，他並沒有反對政府的意思，實在是因為在農村作為「四類分子」，活不下去，想用這個辦法逃到境外去而已。並且他認為他實際上也沒有做過任何事情，他會吸取這次的教訓，政府應當能夠寬恕他。

我在一個月後被換到另一個號子，然後在一九七七年一月初被無罪釋放了。以後，隨著天安門事件平反而得到徹底平反，自那以後很長時間我再也沒有聽到老犯人的消息。

直到一九七七年五月一日前夕，我鬼使神差地在一條胡同裡偶然留意了一下街道上的殺人佈告，赫然看到了被打上了紅×的他的名字。儘管我這還是第一次知道他的名字是怎麼寫的，但他名下的罪狀，分明可以鎖定是他無疑。罪狀的大意是講他陰謀勾結國民黨反動派，蓄謀秘密組織反革命武裝，自封「燕北支隊參謀長」，意圖推翻共產黨。最後是依法判處死刑立即執行幾個字。佈告張貼出來之際，他已經被處決了。

他再度趕上了「嚴打」，也因此再度被「嚴判」。雖然，這已經是「文革」結束之後了。

三

當時的我，和被捕之前一樣，不過是個工人。我的確不能從法律的角度來判斷他該不該殺。但他的被殺，還是讓我感到由衷的悲哀和困惑。

和這個「反革命分子」相處幾個月的直覺告訴我，他在本質上並不是個壞人。至少，他和那些造成嚴重破壞、思想極端對抗的所謂「罪大惡極的反革命分子」，有很大的不同。因為，即使不考慮他投靠臺灣國民黨當局的動機，只從其投靠的事實來看，其罪充其量也只是未遂的反革命意圖而已。既是意圖，且行動未遂，自然也就沒有和不可能造成嚴重後果。有行動固然可以定罪，但無嚴重後果則罪不至死，當屬至理。

這位年不過三十多歲的「老犯人」的悲劇命運，讓我產生了很多疑問。為什麼像他這樣一個好人家出身的孩子，那樣輕易地就被他的家庭拋棄了？為什麼一個犯了錯誤的少年一定要用那樣的方法來懲治，以至於近朱近墨，愈陷愈深，無以自拔？為什麼當時要制定什麼「四類分子」的政策，而將有過這種那種犯罪經歷者逐出城市，送去農村管制勞動，從而將原本並無政治「反動」意識的被管制者逼上「反動」的絕路呢？為什麼新中國建立幾十年，始終沒有嚴格的法律制度與法律標準，動輒要靠脱離法律程序的所謂「嚴打」來懲治犯罪？為什麼《懲治反革命條例》不區分意圖與行動、已遂與未遂、僅憑思想言論即可入罪，且不管有無造成嚴重後果，僅憑意圖即可判處無期或死刑？更重要的是，和他的相處，使我徹底動搖了過去從書本和電影裡得來的那種觀念，即凡是「反革命」就一定是壞人。因此，我不能不開始質疑，有沒有可能有些「反革命」是被這個社會不合理的制度或其他形式的迫害行為所逼出來的呢？如果一個本質上不壞的好人同時又是「反革命」的，我們又應當怎樣來對待呢？

實際上，自一九八〇年代以後，這個社會上許多情況都發生了巨大的改變，「四類分子」連同「右派分子」全部被摘了帽子，甚至連「反革命」也已經不能入人之罪了。過去被視之為反動的「人性」、「人道」以及「人權」等等觀念和意識，也開始堂而皇之地出現在官方語言中了。換言之，如果老犯人能夠活到一九八〇年代，特別是一九九〇年代以後，他應當不會為他當年衝動和愚蠢的行為付出生命的代價了。甚至，如果他再晚生十年、二十年，他可能根本就不會因為偷竊而被「嚴打」去勞改，不會被定為「四類分子」，不會被送去農村管制勞動，因而也就不會因無法忍受非人的待遇鋌而走險，去做逃亡的嘗試，以至惹上殺身之禍。

我是幸運的，趕上「四人幫」被打倒、天安門事件被平反，因而不僅沒有成為當年政治鬥爭和所謂階級鬥爭的犧牲品，並有幸還讀了大學，甚至能夠從事起非政治的學術研究工作。但是，如果「四人幫」沒有被打倒，如果天安事件沒有被平反，如果沒有改革開放……，誰又知道我的命運將會如何呢？即使有了如此機會，又有多少人因為過去時代所刻下的烙印而不能像我這樣幸運呢？當年那些共同在幹校、在工廠勞動的兄弟們，有不少比我聰明和能幹，他們理當接受更好的教育，找到更好的出路，卻未能如願，以至於改革開放之後，反而因文化程度和所在企業效益差下崗或早退，經濟窘困，生活大不如前。每想及此，又怎能不讓人感歎世道的不公呢？

因此，我很慶幸我有機會從事了現代歷史的研究，它讓我能夠利用我所學的專業，回過頭去努力澄清我內心中多得不可勝數的疑問，去替許許多多蒙冤者找到一個他們一生都想得到的解釋，去思考這個社會用什麼方法才能避免重蹈歷史覆轍，讓所有人都能享有平等的權利，而不再被恐懼的陰霾所籠罩，過上平靜的生活。

不錯，對於眾多學者來說，這可能有點不務正業。因為他們更喜歡把自己關在象牙塔內，更認同高雅和專業。但是，面對歷史上和社會上所存在的種種問題，我卻無論如何也高雅不起來。這不僅是因為我的學養問題，而且是因為我的經歷、性格和對所剩時間的緊迫感，因為我無法脫離現實社會、脫離構成這個社會的芸芸眾生的命運來思考問題。

而且，在我看來，研究歷史，必以人為本。換言之，我從不認為，學問之道，求的是研究怎樣學術，學識如何廣博。我不相信，人類社會之所以需要有人做學問，是因為學問家必須要不食人間煙火，專注於精深高遠。恰恰相反，我認為，學問之所以存在，就是因為它必定會對人類社會的進步有益。用孟子的話來說，就是：「道不遠人，人之為道而遠人，不可以為道。」用德國哲學家費希特講過的一句話來說，就是：「我們的一切研究都必須以達到人類的最高目標，即達到人類的改善為歸宿。」

如果我們的研究，不能讓每一個關注歷史的讀者瞭解「人生而平等」的道理，懂得尊重每一個人的生命、權利和尊嚴，學會因關注他人的命運而養成對生命的敬畏之心，進而達到改善人類生存狀況和質量的目標；如果我們的研究反而會因為基於這樣或那樣的立場，造成更多的仇恨、對立，甚或傷害，那我說，這種學問不做也罷。

學問有道，求仁義而已。「仁，人心也；義，人路也。捨其路而弗由，放心而不知求，哀哉！」吾既認定此道，「雖千萬人，吾往矣」。

（原載《「邊緣人」紀事——幾個小人物的悲劇故事》，二〇一六年）

歷史研究中的人性取向問題

人類是社會性動物，幾千年來，為了生存，與天鬥、與地鬥，並在血緣、宗教、文化、民族、國家等種種因素的影響下，結成各種利益和觀念的「共同體」，你鬥我，我鬥你。人類漸漸開始意識到個體生命的尊嚴與價值，包括認識到與天地自然萬物和諧相處的必要，迄今也不過二三百年時間。時至今日，世界上很多地方還停留在野蠻的叢林時代，就是許多看似法治「健全」的國家，其歷史的進程也是步履蹣跚。在這方面，長期處在小農經濟狀態下、歷經兩千年專制強權統治的中國，就更不用說了。近百年前，中國也曾發生過多少具有思想啟蒙意義的「新文化運動」。當時的陳獨秀曾奮力疾呼：中國欲脫蒙昧時代，「當以科學與人權並重」。然而曾幾何時，他就成了五四愛國運動的旗手，進而更成了中國共產黨的創建人。隨著「民族解放」和「階級革命」的浪潮興起，建立在尊重個體生命價值基礎上的人性、人道、人權的主張，自然也就靠邊站了。

一、人性意識再啟蒙

就中國大陸而言，人性意識的再度甦醒，已經是改革開放以後了。很久以來，由於堅持階級鬥爭的思維方式，國人的歷史觀、道德觀、社會觀、倫理觀和審美觀等意識層面，形成了一整套是與非、善與惡、正與邪、榮與辱和美與醜的價值觀。改革開放前，特別是「文化大革命」期間的各種文藝作品，最典型地表現出了這種階級鬥爭意識形態導向所產生的影響。因為強調階級對立和階級鬥爭，大力批判「中間人物論」、「人性論」、「無衝突論」，也就規定了「三突出」的「文藝創作原則」，即在所有人物中要突出正面人物，在正面人物中要突出英雄人物，在英雄人物中還要突出主要英雄人物。如此「突出」的結果，中國文藝作品中的人物形象，幾乎都是非黑即白、非好即壞，英雄人物中的主要英雄人物，就成了所謂「高大全」，成了思想、道德、性格和形象全面符合「無產階級先進分子」標準的完人。因為一切必須要為政治服務，幾十年來，就連表露愛情、親情，甚至是鄉情，都成了禁忌。一九七九年，「文革」結束兩三年後，改革開放已經起步，電視片《三峽傳説》主題曲《鄉戀》播出，仍舊因為內容、曲調不合乎「無產階級的感情」，而被禁唱禁播。直到一九八三年春節晚會，為了主持人能不能用「無產階級的（宣傳）工具」——話筒，給家鄉的父母拜年，能不能給《鄉戀》一曲開禁，導演乃至中宣部領導人還是會緊張得心驚肉跳。【一】

當然，受改革開放政策及其進程的影響，過去極端的階級鬥爭思維模式還是逐漸被社會大眾所摒棄，文藝創作中的「高大全」形象漸漸淡出人們的視野。以電影《被愛情遺忘的角落》

【一】〈首屆春晚：中國思想解放的別樣風向標——總導演黃一鶴含淚回憶解禁《鄉戀》：「人性，需要被表達」〉，載《東方早報》二〇〇九年九月二十六日，第A二〇—二一版。

（一九八一）、《一個和八個》（一九八四）、《芙蓉鎮》（一九八六）等創作公映為標誌，從人性的視角來發掘或塑造銀幕形象再度成為可能。隨著人們思想越來越開放，我們可以清楚地注意到，八九十年代中國的文藝作品中已經越來越難見到那種善惡立辨、黑白分明的「高大全」角色了。「壞人」不那麼壞，「好人」不那麼好，作者必須儘可能地展現故事中心人物有血有肉的活生生的普通人的一面，幾乎成了一種文化創作的準則，以往那種基於階級鬥爭的是非、善惡、正邪、榮辱、美醜觀，不可避免地被打破了。但由此一來，人們以往對歷史的認識及其價值判斷，也難免要受到極大的衝擊。

近兩年熱播的演繹國共兩黨恩怨情仇的電視劇，就最突出地反映了這種情況。《亮劍》中的李雲龍和楚雲飛，《歷史的天空》中的姜大牙和陳墨涵，《中國兄弟連》中的袁學勇和曲虎，《潛伏》中的余則成、李涯和吳站長，以及《人間正道是滄桑》中的楊家父子等等，都讓人清楚地感覺到，不論是在共產黨裡面的人物，還是國民黨裡面的人物，幾乎每個人都有他自己的性格、情感、理想和追求。他們之所以會對立、衝突，甚至會相互傷害，很大程度上只是因為他們受到不同環境的影響，加入了不同的黨派組織，相信了不同的主義。摒除他們的黨派政治背景，他們每個人其實都和生活在我們身邊的張三李四毫無兩樣，有血有肉，有長有短，很難用好壞來區分。就連在向共和國六十週年獻禮的史詩巨片《建國大業》中，勝利的毛澤東和失敗的蔣介石，也都或多或少地給人留下一種劉邦打敗項羽的悲壯印象。更有甚者，為顯示共產黨人更人性，有的影片還會編出這樣的劇情：毛澤東聽說前方打勝了，消滅了很多敵軍，不僅沒有高興，眼圈兒還紅了，沉痛地說：敵軍士兵也是我們的農民兄弟啊。

很顯然，改革開放後中國大陸的文學及影視作品，確曾越來越多地想要在歷史劇中展現真實的人性，不想像過去那樣簡單地從主義、階級、黨派或民族的立場來看社會、看歷史了。不僅如此，一時間，文藝界大有不談人性不足以彰顯藝術造詣之深刻的趨勢。這樣一種認識角度的突破，甚至還在一定程度上挑戰了國人的民族情感和國家意識。最典型的就是大陸上映的幾部影片，如李安執導的描寫愛國女青年與汪偽特務情愛關係的電影《色戒》，魏德聖執導的描寫日據時期臺灣少女與日本教師愛情故事的電影《海角七號》，和陸川執導的塑造了一位有正義感的日本軍官形象的描寫南京慘案的影片《南京！南京！》等。這些影片的上映和當時觀眾普遍稱讚的反響，都再清楚不過地顯示出，基於人性視角的創作，即使面對敏感的中日歷史問題，也能夠通過民族主義高漲的中國大陸眾多普通國民的情感「審查」了。

二、「人性偉大」來之不易

改革開放二十年後，逐漸出現上述情況並不奇怪。因為，「文學即人學」，「人性發展是文學發展的內在動力」。【二】文學乃至藝術存在的一個主要意義，就是基於當下人們普遍認同的價值觀，展現人的生存狀態，透視人的情感生活，理解不同人所具有的感情、慾望、個性及其差異短長，崇其善、揚其美、憫其弱、痛其惡，從而使讀者的心靈和情感受到觸動和感染。誠如休謨所言，人天生有一種同情弱者，乃至悲天憫人的情懷。而人性的這種本能必定會催生出普遍的道德感和正義感。【三】所謂人類文明史，根本上也是從人性意識覺醒，從天然的母性之愛、惻隱之心，到人道關懷萌發，進而到人權平等意識生成的一種觀念進化史。換言之，從原始社會，到奴隸社會，到中世紀，到資本主義，人類也正是因為生就具有同情心，才會一步步改變其原始的動物本性，從基於生存本能的弱肉強食、殺戮爭霸，一步步進化出現尊重人權、敬畏生命、崇尚自由的現代文明意識。無論人們如今生活在怎樣一種社會之中，從屬於任何民族、階級和黨派，凡邁過溫飽線，受到過現代文明及法治觀念薰陶者，都必然會日漸超出其國家、民族、階級和黨派的局限，形成一種只有現代人才可能具有的重人性、講人道、守人權的價值觀。

許多研究都已證實，人類之成功邁入現代文明社會，以及科學技術的飛躍性發展，都和歐洲文藝復興運動的影響有著密切關係。而所謂「文藝復興」，就是通過文學藝術，如小說、詩歌、美術、音樂等等，來謳歌人和人的價值、人的情感。故文藝復興其實就是中世紀神權和王權統治條件下的一次對人的認識的思想解放，是一次人性解放的運動。甚至，所謂「現代」

（modern）一詞，也是在這場運動中由人文主義者首先提出來的。

正是由於發現了人，而不是神才是社會的中心，形成了以人為本的觀念，認識到個人利益是構成國家利益、民族利益，以及一切所謂「共同體」的最主要基礎，對個人及其利益的尊重是社會和諧的前提；正是由於人們開始關注人性、關注人的權利及人在社會中的地位，高揚人的價值與尊嚴，這才形成了影響深遠的人道主義的思想觀念，「日心說」才會推翻「地心說」，神權才會讓位於人權，也才會有後來為爭取「人生而平等」的資產階級革命和民主政體的誕生，才會有康德所謂「人是目的，不是工具」的人本位理念，以及包括馬克思在內的諸多思想家關於每個人全面發展的「自由聯合體」夢想的發生。【三】

由此或可看出，得益於一九七八年中共十一屆三中全會否定「以階級鬥爭為綱」的政治路線，中國大陸確曾又一度開始了「思想啟蒙」的破冰之旅，文學藝術家們重又謳歌人性、弘揚

【一】章培恒、駱玉明主編：《中國文學史新著》（上海：復旦大學出版社，二〇〇七年），頁五。

【二】〔英〕大衛．休謨著，關文運譯：《人性論》（北京：商務印書館，一九九六年），頁六六二—六六四。

【三】在這方面，盧梭及黑格爾的「共同體」主張，甚至還不如馬克思的主張更徹底。參見盧梭著，何兆武譯：《社會契約論》（北京：商務印書館，一九八〇年），頁二三、四一；〔加拿大〕查爾斯．泰勒著，張國清等譯：《黑格爾》（南京：譯林出版社，二〇〇二年），頁六七四；〔德〕馬克思、〔德〕恩格斯：《共產黨宣言》，載《馬克思恩格斯選集》卷一（北京：人民出版社，一九六六年），頁二六〇。

人道，並且曲折地提出了人權平等的主張。在整個社會還通行著傳統的「政治正確」的意識形態統治的條件下，這種努力當然不可能馬上起到改變社會人心的作用，甚至文藝創作也不可避免地呈現著混沌且分裂的狀況。比如，一方面，不少影響著廣大讀者觀眾、悄然改變著人們傳統的「大是大非」觀念的文藝作品，得到了官方人士，包括中共黨史權威機關的充分認可和高度評價，稱讚它們「真實」、「厚重」、「可圈可點」，「一定可以流傳下來」，現實中的國共兩黨「相逢一笑泯恩仇」，蔣介石等各類民國人物的傳記和研究著作也大都求真求實，不再帶有以往政治批判的色彩了；而另一方面，中學歷史課本和大學中的「中國近現代史綱要」，依舊延續著階級鬥爭的說教：蔣介石國民黨代表中國的大地主、大資產階級，是帝國主義在中國利益的代言人，中國共產黨代表以工人、農民為主的人民大眾，是新興的革命的力量……這種極其矛盾分裂的現象，隨著改革開放帶來的貧富差距的迅速擴大，也導致國人對歷史問題的看法變得越來越兩極化。尤其在網絡文化盛行，幾乎每個人都可以公開選邊站，發表自己的言論後，這種觀念上的分裂、對立，甚至相互仇視的現象，也就表現得越來越嚴重了。

國人在人性意識上會如此歧異，甚至淡薄，與中國長達兩千年極權專制和暴力血腥的統治與反抗的歷史，是密不可分的。近幾十年來階級鬥爭意識形態及其政策的導向，也更加強化了這一傳統的影響和對人心的腐蝕，使得中國傳統文化中原本在社會中就影響有限的「仁愛」、「誠信」、「和合」的思想喪失殆盡。正如俞可平在一篇文章中所談到的：自一九四九年建國以來，不承認人性、人權和人道主義，大搞階級鬥爭，灌輸階級劃分和階級鬥爭觀念「進入社會的每個角落，直至進入家庭，進入工廠，進入學校」，結果就是使「我國傳統的優秀道德被許多人遺棄了，人與人之間的溫情、友愛和信任也開始喪失」。【一】一直到改革開放的頭十年，「人性」、「人道」、「人權」等概念，在中國還是被否定的、負面的、資產階級的概念。就連當時的中共中央委員、時任中國文聯主席的周揚，只因嘗試想要公開為「人道主義」正名，都還會被嚴厲批判，甚至不得不違心地在黨報上公開承認「錯誤」並「做自我批評」。【二】

改革開放所帶來的一系列變化，除了大陸物質、思想、文化方面的漸變外，一個重要原因也和對外開放不能不面對與國際通行的、也是多數國家法律所認同的人權觀念的交流甚至是交鋒密不可分。還在一九九一年十一月，出於「要把人權、民主、自由的旗幟掌握在我們手中」，中國官方就已首度發表白皮書，開始正面談論中國的「人權」問題了。【三】

然而，對外爭奪話語權是一回事，真正要為長期被污名化的「人權」正名就遠不那麼簡單

【一】俞可平：〈思想解放與政治進步〉，載《北京日報》二〇〇七年九月十七日，第八版。

【二】周揚：〈關於馬克思主義的幾個理論問題的探討〉，載《人民日報》一九八三年四月十六日，第四版；〈周揚同志對新華社記者發表談話　擁護整黨決定和清除精神污染的決策　就發表論述「異化」和「人道主義」文章的錯誤做自我批評〉，載《人民日報》一九八三年十一月六日，第一版。

【三】轉見董雲虎：〈中國人權發展史上的一個重要里程碑〉，載《人權》，二〇〇二年第一期。

了。這一過程從一九九〇年代初中國政府發表「中國人權白皮書」後，又經過了十多年的時間才得以實現。二〇〇四年，中國憲法中第一次正式給了「人權」這一概念以法律的地位，並且具體規定了作為平等的人的中國「公民」，都可以且應該受到法律保護的具體的權利內容。

突破了這一政治禁忌之後，二〇〇五年六月，中共中央領導人又進一步提出了超階級的「以人為本」的主張。【一】進而到二〇〇八年汶川大地震和奧運會準備期間，中國政府終於又邁出了正面肯定並承認「人性」觀念的重要一步。在通過歌聲公開認同「人性偉大」的基礎上，中國官方也第一次喊出了「同一個世界，同一個理想」的口號。這是中華人民共和國建國後政府第一次公開宣傳不分階級、民族和國家，大家共同追求同一個夢想。即使是中共中央機關報《人民日報》也公開肯定「人性」觀念及其價值，「人性」二字還被寫在了社論的標題上，即本屆奧運「更乾淨更人性更團結」。【二】

這也正是為什麼，二〇〇八年奧運會在中國舉辦期間，「人性偉大」四字能夠唱響在依舊紅旗招展的中國大地的原因所在。【三】

三、歷史研究也是「人學」

何為「人性」，這在學術上仍是一個存在爭議的話題。離開社會性，能否準確說明人性的價值和意義，也有深入討論的餘地。但是，無視人性和人權的激烈的革命性改造，用毛澤東早年的話來講，畢竟「是無可如何的山窮水盡諸路皆走不通了的一個變計，並不是有更好的方法棄而不採，單要採這個恐怖的方法」【四】。如今，革命改造時代早已過去，官方也刻意不在公開言論，特別是政治宣示中使用階級鬥爭的字眼兒和思維邏輯。公開承認「人性」的超階級性質，主張「以人為本」，這實際上也已經大大突破了毛澤東對「人性」和「愛」的理解。【五】在此基礎上，相對而言，圍繞著人性、人權和人道主義問題，中國的思想文化界已經比較容易達成某種程度的共識了。【六】

自古以來，文、史原本就是一家。這是因為，它們都是對人的整體性存在的探求，只不過文學作品靠的是建立在美學、語言和人類既往經驗基礎上的豐富想象，而歷史學則是通過對既

【一】〈胡錦濤在中央黨校省部級幹部進修班發表的重要講話〉，載《人民日報》二〇〇七年六月二十六日，第一版。

【二】〈社論：更乾淨更人性更團結的北京奧運〉，載《人民日報》二〇〇八年八月十八日，第一版。

【三】據二〇〇九年九月二十七日google中文搜索記錄顯示，「人性偉大」一詞達到三百六十二萬條，「人性」一詞已達到2730萬條。

【四】〈毛澤東致和森子升兄並在法諸友信〉（一九二〇年十二月一日），中國革命博物館、湖南省博物館編：《新民學會資料》（北京：人民出版社，一九八〇年），頁一四八。

【五】參見《毛澤東選集（合訂本）》（北京：人民出版社，一九六四年），頁八五四、八七一—八七二。

【六】林喆：〈人性論、人道主義與人權研究〉，載《法學家》二〇〇六年第六期。

往事件發生發展經過及其原因的發掘與評判，來展現其意義。如果說「文學即人學」，那麼，歷史研究更是直接以人為研究對象。如果說任何一個偉大的文學家，都必定首先是一位偉大的人道主義者的話，那麼，任何一位缺少人道主義情懷、無視人的平等和差異的歷史學者，要想通過歷史研究贏得今天社會上多數人，特別是後人的尊重，也一定是不可能的。

研究歷史需要有人性視角，這並不是什麼新鮮事。除了我們上面提到的，馬克思早年形成其理論就是從人道主義的視角觀察人類歷史發展趨向的情況以外，恩格斯對此也有過明白的解釋。他指出，人類對平等理想的追求，根本上就是由人性（「人的共性特性」）引發出來的。[一]英國哲學家沃爾什乾脆認為，歷史學家必須要具備人性觀點，並要基於人性的觀念來做研究。他說：「除了歷史學家各自為其特殊的目的所假定的特殊概括之外，他們還各有一套基本判斷構成為他們全部思維的基礎。這些判斷關係著人性……歷史學家正是根據他對人性的概念而最終決定把什麼作為事實來加以接受，以及怎樣理解他所確實接受了的東西。」[二]

歷史本身是極為複雜和多樣的，不同的人，不同的社會、文化、民族、階級和國家之間，都存在著區別，這些注定了後人對歷史的研究也只能是多角度、多側面，甚至是要從多層面入手的。這意味著，在歷史研究中增加人性視角，就認識層面上來看，不過是在歷史研究的方法和角度上增加一個重要的選項而已。它當然會豐富我們對歷史複雜性、多樣性和整體性的認識。

比如，由於科學的過度發展，原本是以複合的有機體整體運行的歷史，如今被人為地碎片化了。太過注重技術手段和學科分類的傾向，把複雜的歷史有機體切割、剝離，使我們幾乎忘記了歷史其實是一些活生生的有血有肉、有思想、有感情的人創造出來的這一事實。顯然，如果我們能夠較多地注意到歷史的主體——人和人的共性，我們也許就能夠擺脱目前流行的這種彌漫著濃烈的福爾馬林氣味的屍體解剖式的研究方法，更容易「還原」人的思想、活動及其過程，更容易瞭解人發生這種或那種思想與活動的原因，從而更容易使我們的研究貼近我們研究的對象，即人類歷史的主體——那些曾經也一樣活生生的人。

又比如，傳統的革命史觀，著眼於政治的是非，往往只見階級不見人；新近的現代化史觀，著眼於生產力及其相應的經濟政治發展，又往往見物不見人。流行的階級史觀，或民族國家史觀，著眼於某個階級，或某個民族或國家的發展與命運，往往只見自己不見他人。從人性視角看歷史，就能夠較好地彌補這類史觀的局限性。因為，既然歷史的主體是人，既然人有共同的特性，那麼，研究歷史就不僅需要注意到那些表面的不同，如地主和農民、精英和民眾、敵人和友人、外族和國族、壓迫者和被壓迫者……，還必須要注意到他們作為人的共性之所

【一】〔德〕恩格斯：《反杜林論》，載《馬克思恩格斯全集》卷二七（北京：人民出版社，一九七二年），頁一〇五。
【二】〔英〕沃爾什著，何兆武等譯：《歷史哲學導論》（北京：北京大學出版社，二〇〇八年），頁六二。

在，並基於對人類共性的理解，透過不同研究對象「不得不如是之苦心孤詣」，真切地瞭解歷史中人的情感及意圖所在，避免做出過於武斷和片面的判斷。

以毛澤東和蔣介石為例。毛母文氏之愛毛澤東，與蔣母王氏之愛蔣介石，顯然分不出高低貴賤。毛澤東愛其母，與蔣介石愛其母，與他們的黨派立場和階級傾向恐怕也扯不上多少關係。舐犢之情、愛子之心，連動物都有，但趨利避害，也是一般動物之本性。何況蔣對蘇俄及共產黨恐懼痛恨幾乎深入骨髓，然而他自己的兒子蔣經國在蘇聯加入共青團，歷經階級教育和革命歷煉，並公開發表文章揭露父親虐待母親，譴責其背叛革命，宣佈與蔣斷絕了父子關係，蔣卻不顧兒子忤逆不孝之舉而堅信親情感化之力，堅持爭取兒子回國達十年之久。蔣經國回國後亦在其父的誘導教訓之下迅速轉變，最終接班掌權。此亦足以證明，和階級觀念相比，人性之作用大矣哉。不瞭解這種情況，要讀懂歷史實恐大不易。

四、歷史學家尤其需要「以人為本」

但是，歷史研究者需要講人性、重人道、倡人權，卻並不簡單是因為它能夠在認識方法上提供怎樣的研究便利，而是因為捨此斷難達成我們研究歷史的目的。

歷史研究者的首要任務在求真，即要儘可能還原歷史的真相。一般而言，簡單求真並不難。在各種史料相對完整的情況下，要想通過文字重建某一事件的基本史實，就是沒有受過專業訓練的歷史愛好者，也可以實現。今天網上有許多軍事史的愛好者，都沒有專業的背景，然而，他們因為肯下功夫，因此弄清了許多部隊的歷史沿革過程，甚至弄清楚了不少戰役的具體經過，就是一例。

歷史求真之難，用陳寅恪的說法，主要在兩點。一是難在史料遺存之有限，史家「必須具備藝術家欣賞古代繪畫雕刻之眼光及精神」；二是難在時空環境之隔膜，史家「必神遊冥想，與立說之古人，處於同一境界，而對於其持論所以不得不如是之苦心孤詣，表一種之同情」，才可能獲得對古人立說之用意與對象的「真瞭解」，而「無隔閡膚廓之論」。【一】

很顯然，基於中國傳統史學的治史方法，陳寅恪並不特別擔心現代史家在史料搜集、運用和解讀上不能公正客觀的危險。他更在意的，是史家能否超越時空以及觀念、情感、立場的差異，感同身受地體悟歷史當事各方「不得不如是之苦心孤詣」。因為這種同情之理解的態度，恰恰才是當今史家能否重建歷史真實的一個重要關鍵所在。

陳寅恪為什麼認為史家可以並且應該做到這一點呢？對此，或許應該提一下德國歷史哲學

【一】陳寅恪：〈馮友蘭《中國哲學史》審查報告〉，載《陳寅恪史學論文選集》（上海：上海古籍出版社，一九九二年），頁五〇七。

家狄爾泰上個世紀的觀點。他寫道：「歷史世界的第一性的要素就是體驗」，這種主觀的體驗之所以可能，是因為人性不論在任何人身上是存在的。「人類的各種理想、各種生活觀，都發現了這種不可窮盡的人性的某一方面」。而通過史料努力去體驗並理解那些在任何一個時代、任何一個地方都存在的，「活生生的、主動的、具有創造性和回應能力的靈魂」，理應成為史家建構歷史真實的重要方法。【二】

陳寅恪在辛亥革命前夕和一九二〇年代初，曾兩度留學德、法，他關於史家應該抱著同情之心，以求理解古人「所以不得不如是之苦心孤詣」的主張，應該就是在這兩度留學期間所學得的。不論今日史家對從蘭克到狄爾泰所主張的這種方法論有怎樣不同的看法，可以肯定的一點是，如果我們的史家不能脫離國、族、黨、派及其意識形態的立場，不能基於人性意識，對歷史的參與者，不論「敵」「我」，同樣以客觀中立的態度換位思考，以求瞭解他們「不得不如是之苦心孤詣」，那麼，所謂還原並重建歷史真實，就是完全不可能的。更不必說要「發現」什麼「內在的」、「共同的」、「必然的」「歷史規律」了。

據說，作家畢淑敏打過一個比喻，說社會就好比一列火車，大眾是乘客，政治家是司機，自然科學家是技術工，他們的任務就是將載著乘客的列車開到目的地，而人文學者就好比是列車上的觀察員。人文學者的任務就是觀察列車前方可能出現的情況，和關注車廂內乘客的安全與舒適情況，他們對列車是否能夠到達目的地不產生影響，他們的作用是監督乘客乘車的舒適

與否，保證乘客的乘車質量。【二】

其實，這個比喻並不恰當。不僅所謂的「大眾」是分層的和有不同的利益需求的，政治家更是會因追逐權力和利益而四分五裂的。控制了駕駛室的政治家們固然可以主導列車的走向，但維護既得利益的強烈慾望與需要，必定會促使他們無視乘客中眾多有不同利益需求的群體的願望，甚至可能不顧最適合於社會發展的方向，讓列車永遠在他們所希望的軌道上無休止地跑下去。在這方面，單純的自然科學家起不到任何作用。而畢淑敏完全沒有看到這一點。她不知道，列車運行不是沒有危險的，不僅司機的作為必須要受到監督和規範，而且列車運行的大方向也必須要有調度室預先設定的干預機制，使必要的干預成為可能，以防止出現英國哲學家大衛·休謨所說的那種自私的「無賴」行為所引發的災難性後果。【三】這一切監督、規範和干預機制的設定，都是知識分子的責任和任務，而且不僅僅是人文學者，政治學家、法學家、經濟學家、社會學家以及教育學家，統統都應該起著這種監督和干預的作用。他們不起作用，社會正

【一】〔德〕威廉·狄爾泰著，胡其鼎譯：《體驗與詩》（北京：生活·讀書·新知三聯書店，二〇〇三），頁一四四；〔德〕威廉·狄爾泰著，艾彥譯：《歷史中的意義》（北京：北京聯合出版公司，二〇一三年），頁一—三。

【二】轉見王志耕：〈從「文史不分家」說起〉，學術中華網，http://www.xschina.org/show.php?id=10999。

【三】大衛·休謨認為，在進行權力機構的體制設計時，必須緊緊盯著人性的弱點，確保從制度上對可能存在的「無賴」進行嚴格的防範。參〔英〕大衛·休謨：《人性論》，頁五七四—五七九。

常運行的干預規範的機制，即從憲法到各種法律制度的建立與完善就沒有可能。人文學者，特別是歷史學家在這裡的作用，最主要的就是要告訴人們，我們過去走過了一條什麼樣的道路，為什麼會那樣走，它對在哪裡，錯在哪裡，為什麼必須要有所改變或修正？而沒有這樣的研究和對過去歷史中是非善惡真相的揭示，社會科學工作者就無法找到準確的事實依據對制定各種規範和干預機制提供正確的意見。

歷史研究不僅不是可有可無，而且也不是隨便研究點什麼就有意義。歷史研究要對社會有所貢獻和作用，歷史學者本身必須要有人文關懷和現實關懷，要有大的問題意識，這至為關鍵。而當今時代發展已經越來越清楚地告訴我們，人類社會歷史進步最重要的標誌，不是單純的國家、民族的獨立和解放，甚至也不是一個階級或一個族群的自由與解放，而是整個人類和人類社會對人，包括對人的生命，對人性、人道、人權和人的自由與幸福的重視程度得到了怎樣的提升。即由最初的無視到重視，由只重視部分人到重視所有人，由只重視權利的平等到重視每一個人實際的自由感與幸福度。換言之，人類歷史發展和進步的另一種動力，就是人對自身命運的永不休止的關心與關注，也就是人們今天會提出「以人為本」的人性觀念的歷史發展的邏輯所在。

歷史發展當然有其特定的條件，因此條件的不同會令歷史發展不可避免地呈現出階段性和漸進性。在相當長的時段內，人權會被神權所吞噬，一部分人會被另一部分人所統治，普通人的個人命運會被遮蔽在國家或集體的巨大身形下變得無足輕重。但是，人對自身命運的關心和關注卻是自有人類以來就存在，而且永遠也不會止步的。隨著社會的發展，必然會有越來越多的人有條件參與到關注自身命運的思考中來，故人們要求主宰自己命運的那一天也終會到來。

無論這一過程會經歷怎樣的曲折，無論不同國家、不同民族認識到人性、人道和人權價值的途徑會如何不同，我們都可以斷定，當歷史研究者開始從人性的角度看歷史的時候，他們的研究也就開始有其存在和發展的價值了，我們也就開始跟上時代前進的步伐了。

（原載《歷史學家茶座》二〇一〇年第二期，收入本書時有文字上的修訂）

愛「國」還是愛「人」？

——近百年來知識分子政治選擇的一個共同的困擾

一、傅鷹：「知識分子就是愛國」

當我們研究一九四九年以後中國大陸知識分子的政治選擇問題的時候，無論如何都會碰到一個不能不回答的問題，即眾多知識分子主動或被動地選擇了留在大陸，和共產黨一起建設新國家，原本是基於對國民黨一黨專政及其腐敗政治的強烈不滿，寄希望於新政權能夠更多民主，更多自由，何以在隨後卻大多選擇了沉默？如果說這都是制度強迫造成的，為什麼在此之前，無論在晚清，在北洋，亦或在國民政府時期，許多知識分子還在頑強發聲，中共建國後幾乎所有知識分子卻不僅不再發聲，而且大都或被動或主動地改變了自己以往的觀念？一些人即使清楚地意識到問題所在，為何仍然把希望寄託在共產黨身上？顯而易見，問題的發生並不僅僅是制度強迫的結果。

有關一九四九年以後中國知識分子思想認識上變化的原因，許多著名知識分子都曾以這樣或那樣的形式講述過。這裡只引述時任北京大學化工系教授的傅鷹在一九五二年思想改造運動中的部分言論，相信這或會讓今人能夠對當時中國知識分子的心態和思想的轉變，有一個比較直觀的瞭解。

傅鷹，一九〇二年生人，父親做過北洋政府駐外官員，因而很小就生活在北京，十七歲考入剛建立不久的由美國基督教聯合會資助的燕京大學，三年後即赴美深造，先就讀於密執安大學化學系，繼而於一九二八年取得了博士學位。傅學成後第二年即離美回國，先後在幾所大學擔任過教職。一九四四年又舉家赴美，夫婦均得以執教於密執安大學，事業有成，生活安定。然而，一九四九年共產黨建國後，傅鷹夫婦毅然放棄了在美國的工作、生活，於一九五〇年十月又舉家回國，到北京大學和清華大學任教。

無論出身、教育，還是經歷，傅鷹都和共產黨不是一路人。而他的性格又很耿直，即使經歷了一九五〇年代上半期的歷次政治運動，包括思想改造運動，他也一直不承認自己的思想受到了改造。一九五七年四月底整風運動期間，給共產黨提意見時，他就曾直言表示討厭所謂「思想改造」，反對什麼事情都講馬列。他發言稱：「我最討厭思想改造……有錯才要改，我自信一生無大錯，愛國不下於任何黨員，有什麼要改？現在所謂『改造』，就是要人在什麼場合，慷慨激昂說一通時髦話，引經據典，馬、恩、列、斯。何必要用任何人都聽不懂的話去說人人都懂的事？化學系只我一個人沒上夜大學，受不了。夜大學教員把人都當作全無文化。毛主席說一句話，本來清清楚楚，偏要左體會右體會。煤是黑的——就完了。非要說什麼『煤之黑也，其不同於墨之黑也，它和皮鞋油又如何如何』，全是廢話。」【一】

【一】〈傅鷹對黨和知識分子的關係提出尖銳的批評〉，載《宣教動態》第五十一期（總第二百三十一期），一九五七年五月十二日。

傅鷹不認為自己的思想得到過「改造」，但他並不否認自己的思想認識發生了很大的轉變。三反運動（在高校同時亦是思想改造運動）中，他曾花了很長時間講述他在各個問題上的思想變化。具體到對共產黨和新政府的看法的改變，他的原話是這麼說的：

對黨的認識。

對政治上的許多問題我有很深的偏見，認為黨全是自私自利的組織。國民黨如此，共產黨也是如此。例如，我認為共產黨之所以得民心，是因為他的政策與人民利益符合。國民黨為什麼不能執行同樣的政策？比如共產黨實行土改，為甚麼國民黨就不能實行？解放軍能打仗是因為官兵平等，士兵沒有欺壓老百姓的行為，國民黨為什麼不能？回國以後，看見新中國許多偉大成就，只覺得共產黨聰明有辦法，只知道共產黨有成績，但不知道成績是從何而來。

三反運動開始的時候，我心裡有一個疑問：資產階級思想是自私自利的，政黨也都是自私的，共產黨是一個政黨，當然也是自私自利的團體。為什麼一個自私自利的政黨會反對自私自利的思想呢？想來想去，只有否認共產黨是一個自私自利的政黨。但是這個答案與我三十年來對於政黨的觀念是相衝突的。我不甘心承認我的觀念是錯誤的。因為我需要證據。劉青山、張子善的案件是我需要的第一個證據。當劉青山、張子善的案件披露之後，我想共產黨開始腐化了，連久經鍛煉的二十年的老黨員還經不起糖衣炮彈的攻擊，還有什麼說的。

這些事已可以證明我對政黨的看法是正確的。三反運動才開始的時候，報上說資產階級向無產階級進攻了，我們應該徹底打垮資產階級的猖狂進攻。我看後，心裡就想，共產黨真是聰明，知道黨已經腐化了，就提出資產階級來轉移目標。可是共產黨雖然聰明，我也不傻，一眼就看出來了。這種花招只瞞得了一般的群眾，卻瞞不了我，心裡頭還有點得意。

後來報上又陸續的暴露了許多貪污案件，披露之時凡是與黨員有關的，人民日報會特別指出某某違法的人是黨員，連參加過長征的老黨員也不例外。我看了之後覺得奇怪，倘若提出資產階級為的是轉移目標，就應當專注意不法的資本家，牽涉到黨員時應當只說姓名輕輕的一筆帶過去，何必特別標明違法人員的黨籍呢？此時我想起人民日報黨的生活欄內常有對黨員的嚴厲批評，倘若共產黨和從前的其他政黨一樣，專為黨員謀利益，為什麼在人民面前自失威信？這些事說明共產黨對黨員毫無回護之意。可是又發生了另外一個問題。我想人總是自私自利的，他若加入一個組織，一定想從這個組織得到好處。一種好處是到了出了事的時候，組織就利用勢力，大事化小，小事化無，盡力設法為他遮蓋。國民黨和美國的政黨不就是如此麼？那麼，為什麼共產黨不照顧黨員呢？黨是黨員組成的，不照顧黨員不就是不照顧黨麼？

想來想去，只有一個答案是合乎邏輯的，那就是共產黨不是一幫自私自利的人所組成的。得了這個結論之後，我不但對黨有了一種新的認識，而且也將我一貫相信的「人性惡」

的學說打得搖搖欲墜了。不過我對於我所得的結論還不滿意，因為這個結論是用負乘負等於正的方法得來的。我還需要正面的理由。

追求這個理由使我為難了好幾天，直到唐牧之同志報告志願軍在朝鮮前線的英勇事跡，才得到了。聽他們報告時，我流了許多眼淚，最使我感動的是他說志願軍的心中只有祖國而無個人，只有忘我的精神，而無自私自利的打算。聽後，我才恍然大悟。志願軍是黨所訓練的，只有一個絲毫不自私自利的黨，才能訓練出這些忘我英雄。對於黨的認識明確了之後，其他的許多問題就迎刃而解了。人性惡的哲學徹底打倒了，國際主義也明瞭了，對蘇聯的懷疑也消除了。……從前李琬同志要我提到共產黨時應當說我們的黨，我說不好意思自己往臉上貼金，現在我可很自然的說我們的黨了。不但是三反運動，就是將來再有什麼運動，我也可以死心塌地的服從共產黨的領導了。

對政府的認識。

我每次讀到劉少奇同志的《人的階級性》時，我的反應是這樣的。……我想他之所以如此說，是要為共產黨建立一個統治的理論。因為共產黨自命為無產階級的黨，共產黨員自然是屬於無產階級，所以就將好的特性都算在無產階級帳上。這樣一來，就可以使群眾相信共產黨員都是好的，共產黨應當是領導的政黨，應當掌握統治權。這種理論的功用是和封建時代的君主受命於天，應當統治萬民的理論完全一樣的。不過共產黨的理論比老的理論高明得多而已。我覺得無論說得多麼好聽，實際上只有兩個階級：一個是統治階級，一個是被統治階級。掌握政權的是統治階級，其餘的人，包括我在內，是被統治階級。直到一個多月以前，這還是我對於我們的政府的態度。雖然我的愛國心戰勝了我的自私自利靠研究向上爬的心，而回到祖國來，但是，我並沒有完全回來。在理智上我擁護人民政府，可是在感情上我並不擁護。在將回國時，我想我是技術人員，而且在我的自高自大的意識中，我還相信我是一個很好的技術人員。以我的本行（表面化學）為標準，在共產黨員中還找不出一個趕得上我的。因此在共產黨還沒有培養出一批技術上趕得上我的共產黨員時，政府對於我只好採取容忍的態度，正如一個人只有一匹跑得快的劣馬，就只好暫時不管牠的劣性，而好好的餵養牠。等到黨內的人材夠了之時，我就要被淘汰了。但是，那時我也到了退休的年紀了。

我對政府也是採取容忍的態度，我一向認為政府是一件不可少的壞制度，而我自己又不是政府，所以對於一切政府的估計只有極壞、不很壞、還過得去、還好幾種，而沒極好的那一種。在那時我對於人民政府最滿意的一件事，是大軍渡長江時，將英國兵船打了個稀爛，而且打了之後並不向英國道歉，反而將英國痛痛快快地責備了一頓，出了我幾十年來壓在心頭的一點怨氣。不過那時我還想，英國現在已經走向下坡路了，所以解放軍才敢打落水狗，倘若那隻船不是英國的而是美國的，恐怕未必捱揍。……抗美援朝開始之後，我們的志願軍將世界上最強的帝國主義打得落花流水，我有生以來也沒有那麼興奮過。但是我不明白為什麼一個劣勢裝備的軍隊能夠打敗一個優勢裝備的軍隊，我也不明白為什麼我們的志願軍能夠有超人的勇氣，而美帝的軍隊卻正相反。修治淮河的偉大成就，使我驚奇，但是我不明白為什麼能夠成功。土地改革是一件驚天動地的大事，解決了幾千年來應當解決而不能解決的根本問題，我雖然心裡擁護這個政策，但是我不明白為什麼只有共產黨、人民政府領導之下，這個奇跡才會實現。這一連串的不明白說明了我對於我們的政府沒有認識，只覺得我們的政府好，而不明白為什麼好。……只將它看成有歷史以來最好的政府，而不能消除我心裡的那一條統治者與被統治者的鴻溝，只覺得這個政府雖然好，終究是統治者，無論如何我總是被統治者。一個被統治者自然不會全心全意的擁護統治者，結果是以第三者自居。政府是政府，人民是人民，我是我。

……現在我才知道我們的政府與以往的政府不是在自私自利的成分上有多少的分別，而是自私自利與大公無私的分別。這就是說，不是程度上的分別，而是本質上的分別。在幾十年的歷史中，我們第一次有了一個以為人民服務為目的，而不以壓迫剝削人民為目的的政府，在上面所說的一連串的事實（外），還有許多我沒有提到的事實，那一件不是我所熱烈希望的？專做我所希望的事情，政府怎麼能說是「統治」我？我那種統治者與被統治者的觀念，到現在就完全破產了。我對政府的認識完全改變了，我的態度自然也就完全改變了。現在我不但在理論上擁護我們的政府，在感情上也擁護我們的政府。從前我以第三者自居，現在看起來真是荒謬，真是愚蠢。從前我和人家談到政府時雖然口裡也說「我們的政府」，心裡卻總有點不自然。對黨員說「我們的政府」，心裡卻說「你們的政府」。現在無論在什麼時候，無論對什麼人說我們的政府時，「我們」這兩個字完全代表我的意思。不但沒有什麼不自然的現象，而且覺得非常親切。對於一個三十年來一提到政府就感覺厭惡的人，這樣轉變可以說是奇跡。在三反運動中的許多收穫裡，這是我最大的收穫。【一】

傅鷹的這番話，反映了很大一部分研究自然科學的知識分子，當然也包括相當多研究人文和社會科學的知識分子當時的想法。【二】這樣一種看法，直到一九五七年傅鷹也沒有改變過。

【一】〈北京大學化工學院化工系主任傅鷹在三反運動中思想收穫的總結〉（一九五二年三月），北京市檔案館藏，215/13/412/1-18。

【二】這類公開資料還可見朱光潛：〈自我檢討〉，載《人民日報》一九四九年十一月二十七日，轉見《朱光潛全集》卷九（合肥：安徽教育出版社，一九九三年），頁五三五—五三八；馮友蘭：〈三松堂自序〉，載《三松堂全集》卷一（鄭州：河南人民出版社，二〇〇一年），頁一四〇—一四一；汪東林：《梁漱溟與毛澤東》（長春：吉林人民出版社，一九八九年），頁二七—三一；老舍：《老舍自傳》（南京：江蘇文藝出版社，一九九五年），頁二八〇—二八八；等等。

經過六年多的親聞、親見和親歷，他清楚地看到共產黨及其制度存在很多問題，他對共產黨幹部的批評也非常尖銳，【一】但有一點是認定了的，即跟著毛澤東和中共中央，國家民族是有希望的。用他的話來說，「我和黨是同奔一個門，事實證明，他認路比我認得好，我自然跟著他走」。他並且重申他思想轉變的理由所在，說：

知識分子就是愛國。我父親從前在外交部做事，從小我就聽他說，從康熙尼布楚條約到辛丑條約，每條都是中國吃虧。宣統三年我到上海，公園牌子上寫著「中國人與狗不許入內」。後來到美國，過國境到加拿大看瀑布，日本人可以自由來往，中國人就不行；我到物料科領藥品，那裡的人說，「你們中國人學科學幹什麼？」我一生的希望就是有一天中國翻身，現在這個希望實現了，所以我擁護這個政府。共產主義我不瞭解，從書本上看的來說，意識形態方面我不見得全同意，但共產黨把國家弄成現在的氣派，我擁護它。【二】

因為愛國，誰能把國家弄好，就擁護誰，這正是當年許許多多中國知識分子的一種心態。梁思成也好，金岳霖也好，潘光旦也好，王芸生也好，當年所以留大陸，也都是因為這個原因；留下來以後哪怕是不同程度地被迫改變了自己的思想、觀念和認識，直至認同了共產黨的領導，還是這一條。只要國家比過去好了、強大了，至於共產黨的主義怎麼樣，下面的幹部怎麼樣，自己的處境怎麼樣，就都在其次了。

二、《獨立評論》：要救中國，非實行「獨裁政治」不可！

把國家民族的利益和需要放在第一位，而將其他種種，個人權利也好，理想主張也好，道德倫理也好，放在次要的地位，可以說是中國知識分子政治上常常會表現出所謂「軟弱性」的一個最主要的原因。這和一九四九年這個時間點沒有多大關係，相反，這種情況與中國現代知識分子形成以來的歷史，幾乎是如影相隨的。只是在不同政治制度、社會條件和形勢背景下，這種「軟弱」的表現方式及其程度，以及涉及的面向與範圍會有所不同罷了。以下不妨略舉三

【一】傅鷹發言中直截了當地講：共產黨的成員良莠不齊，幹部越往下面越差，黨員越年輕越差，「現在是長字輩吃得開」，房子大小跟官大小看齊，就連教授評級也要由人事處的毛孩子來定。他說：「為什麼科學家都想到北京來？因為運動中偏差的大小與離北京的距離成正比。」「我對於年輕黨員的看法，就同在重慶時對國民黨特務的看法一樣。特別是對正在爭取入黨爭取轉正的人有戒心，他們越多打你幾棍子，入黨轉正的機會就越大。」「那些年輕黨員、團員……在大會上大罵你一通，罵你三分混蛋，你承認五分混蛋，這才鼓掌通過」。〈傅鷹對黨和知識分子的關係提出尖銳的批評〉，載《宣教動態》第五十一期（總第二百三十一期），一九五七年五月十二日。

【二】〈傅鷹對黨和知識分子的關係提出尖銳的批評〉，載《宣教動態》第五十一期（總第二百三十一期），一九五七年五月十二日。

例讀者比較熟悉的情況以證明之。

一例為早期思想啟蒙者嚴復和梁啟超。中國最早引入西方人權、自由思想的，是著名翻譯家嚴復。還在一九〇〇年前後幾年裡，他就翻譯了赫胥黎、斯賓塞、穆勒、孟德斯鳩等人的多部名著，並依據其中的觀點提出：「唯天生民，各具賦畀，得自由乃為全受。故人人各得自由，國國各得自由，第務令毋相侵損而已。侵人自由者，斯為逆天理，賊人道。」【一】他宣稱：西方國家強大的關鍵，一在「以自由為體，以民主為用」；二在「其國政教之施，以平等自由為宗旨」。再加上其「測算格物之學大行，製作之精，實為亙古所未有」，因而才能有今日之強。【二】故在他看來，「國者，斯民之公產也」【三】，國家強大首在自由，「自由，則物各得其所自致，而天擇之用存其最宜，太平之盛可不期而自至。」【四】

與此幾乎同時，流亡日本的梁啟超也一度大力引介和鼓吹自由、民主思想，聲稱：「中國數千年之腐敗，其禍極於今日，推其大原，皆必自奴隸性來，不除此性，中國萬不能立於世界萬國之間。」今日欲使國民皆智而富，「捨自由無他道矣」。要自由，即「不能受制於專制民賊之下」，必須興民權，開民智，而「不興民權則民智烏可得開」?【五】他據此聲稱：「國者何?積民而成也。國政者何?民自治其事也。愛國者何?民自愛其身也。故民權興則國權立，民權滅則國權亡。」【六】

而不過幾年時間，注意到國家有被列強瓜分之險，又有因革命陷於變亂之危，二人便先後改變了原先的觀念和宣傳，反而維護並主張起專制來了。他們不約而同地聲稱：「中國號稱國，而國之形體不具，則與無國同。」故「我中國今日所最缺而最急需者，在有機之統一與有力之秩序，而自由平等直其次耳。」【七】「天下仍須定於專制，不然，則秩序恢復之不能，尚何富強之可跂乎？」【八】「小己自由，非今日之所急，而以合力圖強，杜遠敵之覬覦侵暴，為自存之至計也。」【九】以國人發展程度之落後，「吾今若採多數政體，是無以異於自殺其國也。自由云、立憲云、共和云，如冬之葛，如夏之裘，美非不美，其如於我不適何？吾今其毋言空華，吾今其勿圓好夢，一言以蔽之，則今日中國國民只可以受專制，不可以享自由。」【一〇】

【一】嚴復：〈論世變之亟〉，載王栻主編：《嚴復集（一）》（北京：中華書局，一九八六年），頁二—三。
【二】嚴復：〈原強修訂稿〉，載王栻主編：《嚴復集（一）》，頁二三、二四。
【三】嚴復：〈辟韓〉，載王栻主編：《嚴復集（一）》，頁三六。
【四】嚴復：《老子》評語〉，載王栻主編：《嚴復集（四）》，頁一〇八二。
【五】梁啟超：〈致南海夫子大人書〉，載丁文江、趙豐田編著：《梁啟超年譜長編》（上海：上海人民出版社，一九八三年），頁二三五—二三七。
【六】梁啟超：〈愛國論〉，載《梁啟超全集》卷一（北京：北京出版社，一九九九年），頁二七三。
【七】梁啟超：〈政治學大家伯倫知理之學說〉，載《梁啟超全集》卷四，頁一〇六六。
【八】嚴復：〈與熊純如書〉，載王栻主編：《嚴復集（三）》，頁六〇三。
【九】嚴復：〈《法意》按語（八六）〉，載王栻主編：《嚴復集（四）》，頁九八五。
【一〇】梁啟超：〈新大陸遊記〉，載《梁啟超全集》卷四，頁一一八八。

另一例是中國最早結營的自由主義同仁雜誌《獨立評論》的作者們。其中最有名者自然是胡適，其他著名者亦都是英美留學歸國的大學者，如有哥倫比亞大學哲學博士，時任清華大學歷史系主任的蔣廷黻教授；有劍橋大學、格拉斯哥大學地質學、動物學雙學士，時任中央研究院總幹事的丁文江；有芝加哥大學社會學博士，時任清華大學社會學教授的吳景超；有哈佛大學政治學博士，時任清華大學政治學教授的錢端升等。這些多年接受英美政治薰陶和理論訓練的教授學者們，回國後也一直站在自由主義立場上，主張民主憲政，甚至不同程度上批評過國民黨的獨裁專制和壓迫人權。但是，該雜誌創辦於「九．一八」事變發生後的一九三二年五月，已經落入日本帝國主義之手的東北三省剛剛於三月上旬被宣告另立為所謂「滿洲國」【一】；上海守軍發起的「一．二八」抗戰也剛剛被迫與日本簽訂了停戰協定，中國政府失去了在上海的駐兵權；日本關東軍又開始緊鑼密鼓在準備奪取熱河和進取山海關了。當此危難關頭，中國人自己卻紛爭不止，廣東等地國民黨地方實力派繼續著種種旨在推翻蔣介石南京政府、取而代之的政治軍事行動，共產黨也在江西蘇區根據地宣告成立了「中華蘇維埃共和國」及其臨時中央政府，公開與國民黨領導的中華民國分庭抗禮……

面對這樣一種內憂外患的嚴重局勢，《獨立評論》同仁之間圍繞著未來階段中國的政治出路問題，看法上明顯發生了分化。一九三三年底，駐守福建的十九路軍將領帶頭發動福建事變，宣告聯合國內各反蔣勢力，另立「中華共和國人民革命政府」。消息傳來，蔣廷黻首先按捺不住，接連撰文提出：民主憲政再好，在今日中國都「絕不能行」。「我認為唯一的過渡方法是個人專制」，即中國必須先建立起一個具有專制之力的獨裁政府，用更大的武力「取締內戰及內亂」，以便集中全國人力、物力，渡過眼前的危機。【二】吳景超撰文響應蔣的主張，認為「當前最大的問題，是統一問題。」現在必須推行武力統一全國的方針，徹底消除各地軍閥和共產黨的割據狀態，「國家統一之後，一切的建設計劃，才能實行。」【三】丁文江也公開支持蔣、吳，明確提出現在應當「放棄民主政治的主張」，稱：中國人大多數連字都不識，「要四萬萬個阿斗自己領導自己，新的國家是永久建設不起來」的。在中國，「獨裁政治當然是不可避免的」，國難當頭，「除去了獨裁政治還有旁的路可走呢？」【四】

專門研究歐美政治的錢端升走得更遠，他甚至不贊成簡單地提倡「新式獨裁」，反而是從學理及實踐的層面進一步得出結論稱：現代歐美及蘇、德、意發展的政治潮流都證明，民主政

【一】偽「滿洲國」宣告成立於一九三二年三月一日，清遜帝愛新覺羅．溥儀於九日被日本人正式扶植為「執政」。兩年後的一九三四年三月一日復被允許登基為皇帝，改「滿洲國」為「大滿洲帝國」。

【二】蔣廷黻：〈革命與專制〉、〈論專制並答胡適之先生〉，載《獨立評論》第八十、八三期，一九三三年十二月十、三十一日。

【三】吳景超：〈革命與建國〉，載《獨立評論》第八十四號，一九三四年一月七日。

【四】丁文江：〈民主政治與獨裁〉，載《獨立評論》第一百三十四號，一九三四年十二月三十日。

治不如極權政治。特別是「民治尚未實現的國家，盡可向極權主義的道上走去。欲實現極權主義固是不易，但憑空建築民治，其困難更大。」故「就吾國的需要而言，我以為我們應努力培植一個極權國家，以圖立足於世界之上。我們不必抄襲民治的陳義，以自陷於無力量的低下地位」【一】。

最後一個例子是關於中國自由主義知識分子的代表胡適的。胡適從來沒有放棄過他的自由主義立場和對民主政治的希冀，即使在一九三〇年代《獨立評論》同仁發生的那場關於民主與專制問題的持續爭論中，他也是站在主張自由民主一邊的。但是，和其他人一樣，一遇到他認為會影響到政府穩固和國家利益的問題，他的自由主義一定會打折扣。最典型的就是隨國民黨政權退出大陸之後，因誓稱「我願意用我道義力量支持蔣介石先生的政府」【二】，他不能不在蔣介石政府的政治高壓下，改取「容忍比自由更重要」的態度，這和雷震、殷海光等人堅持爭自由、爭民主的不妥協態度，恰好形成了鮮明的對比。

胡適早年沒有認同於蔣介石政府的時候，用耿雲志的話來說，他「爭自由的勇氣極高，言辭相當尖銳，沒有特別強調容忍的意思，更沒有說過容忍比自由還重要的話」【三】。胡適的態度是從一九三二年見蔣以後變化的，因為他逐漸開始相信蔣介石能夠代表中國未來的發展方向，也越來越決心要做這位「天才」「領袖」的「諍友」了。【四】他講「容忍比自由更重要」的話，已經是一九四八年前後的事了。當時國民黨軍事、政治、經濟敗象畢露，他多半希望能找到一種妥協的辦法。而他十年後二度再提「容忍」，更是因為一九五九年雷震等在臺灣的自由主義知識分子與國民黨政府間的衝突已達白熱化。他擔心自由主義知識分子對蔣介石國民黨當局的激烈批評，會造成反動，最終又會影響到他對外努力在維繫的臺灣政權的正面形象，故而再提「容忍比自由更重要」的觀點，出面勸説這些知識分子應有容忍的雅量，以求能調和雙方的矛盾。【五】

胡適為維護臺灣當局的顏面而不惜委曲求全的態度，在一九五〇年代初就清楚地表現出來了。他在美國，始終堅稱臺灣已經邁入了「自由世界」。一九五四年，胡適應蔣介石邀請回臺參加二屆國大，在明知當局公開打壓自己參與創辦的《自由中國》雜誌和發行人雷震的情況下，他不僅擔任大會主席，為蔣介石繼任「總統」捧場，而且當著《自由中國》同仁的面稱讚

【一】錢端升：〈論極權主義〉，載《半月評論》第一卷第一期，一九三五年二月一日。

【二】胡適日記，一九六〇年十一月十八日條，見曹伯言整理：《胡適日記全編（八）》（合肥：安徽教育出版社，二〇〇一年），頁七二五。

【三】見耿雲志：〈也談容忍比自由更重要〉，載胡適研究會編：《胡適研究通訊》二〇一一年第四期，二〇一一年十一月二十五日。

【四】胡適日記，一九三四年四月十日、一九三五年七月二六日條，見曹伯言整理：《胡適日記全編（六）》，頁三六三、五三三；胡適：〈改革政制的大路〉，載《獨立評論》第一百六十三號，一九三五年八月十一日；胡適：〈張學良的叛國〉，載《大公報》一九三六年十二月二十日，轉見《中央週刊》第四百四十七期，一九三六年十二月。

【五】見耿雲志：〈也談容忍比自由更重要〉，載胡適研究會編：《胡適研究通訊》第四期，二〇一一年十一月二五日。

「臺灣的言論自由」。【一】被迫辭職去美的前臺灣省主席吳國楨因遭莫須有的貪污指控，忿然在美國雜誌發表文章，揭露「臺灣」實為一「警察國家」。胡適知道後，不僅去信斥責吳「污衊你自己的國家和你自己的政府」，而且也在美國雜誌上公開發表文章，標題就叫《How Free Is Formosa?》，全面介紹臺灣政治上如何自由。【二】

同樣的情況，對於《自由中國》雜誌的辦刊方針，胡適在主張用各種方式推進臺灣當局開放言禁和黨禁的同時，又明確反對《自由中國》同仁批評當局的所謂「國策」和軍隊等方面的問題，要求把批評儘量限制在當局允許的範圍內，講蔣介石聽得進的意見。【三】為此，他在一九五九年《自由中國》與當政者關係高度緊張之際，再提「容忍比自由更重要」的一個目的，就是要求《自由中國》的同仁做出妥協，來爭取得到當政者的諒解。【四】一九六〇年，蔣介石公然違「憲」三選「總統」，胡雖然表示反對，並婉拒出任大會主席，但為不背棄在道義上支持蔣介石的承諾，仍舊出席了推舉蔣連任的三屆國大。不料，蔣連任成功後，很快就乘著胡適赴美參加會議，下令抄了《自由中國》雜誌社，並以「顛覆政府」、「知諜不報」等罪名，用軍事法庭將發行人雷震判刑十年。【五】對此，胡適雖痛心不已，卻依舊不敢公開站出來向蔣抗爭。不僅如此，在公開場合下，他還是堅持講臺灣當局的好話，處處想要幫著當局挽回一些政治上的顏面。【六】

應當如何看待中國自由主義知識分子胡適在政治上的這種種表現？對胡適有深切瞭解的唐

德剛就是從「軟弱」的角度評論的。他說：「胡先生這個懦弱的本性在當年所謂『雷案』中真畢露無遺」，讓人「尤覺這位老秀才百無一用之可憐」。【七】但是，一九三〇年以前的胡適為何就敢抗爭呢？歸根到底，這恐怕還是因為胡適背負了一個太大的政治包袱，即國家前途。還在一九三三年底福建事變發生時，他就公開表達過他的這種態度。他寫道：「必須要先保存這個國家，別的等到將來再說！這個政府已夠脆弱了，不可叫它更脆弱；這個國家夠破碎了，不可叫它更破碎。『人權』固然應該保障，但不可抗著『人權』的招牌來作危害國家的行動。『取消

【一】汪幸福：《胡適與〈自由中國〉》（武漢：湖北人民出版社，二〇〇四年），頁一〇四—一〇五、一〇七頁。

【二】轉見胡頌平編著：《胡適之先生年譜長編初稿（七）》（臺北：聯經出版事業公司，一九八四年），頁二四三三。並見楊金榮：《角色與命運——晚年胡適的自由主義困境》（北京：生活．讀書．新知三聯書店，二〇〇三年）。

【三】轉見汪幸福：《胡適與〈自由中國〉》，頁一六四、二二五、二二六。

【四】轉見汪幸福：《胡適與〈自由中國〉》，頁二三六—二三七、二五〇—二五四。

【五】轉見汪幸福：《胡適與〈自由中國〉》，頁三五三。

【六】胡適一九六二年二月二十四日突發心梗過世，一個直接誘因就是雷震案嚴重損害了臺灣政治的形象，動搖了各界對蔣政權的信任，讓他十分焦慮。當天在院士會議上聽到副院長李濟講話悲觀，他雖身體不佳，仍不得不站出來給大家打氣。就在他言不由衷地歷數臺灣如何「充分的表現了言論自由」的時候，因無法控制情緒，心臟病突發倒地而亡。轉見汪幸福：《胡適與〈自由中國〉》，頁四〇九—四一〇。

【七】唐德剛：《胡適雜憶》（北京：華文出版社，一九九六年），頁二二〇。

黨治』固然好聽，但不可在這個危急的時期藉這種口號來發動內戰。」【一】

國家是需要一個政府來代表的，找到一個對國家未來前途有利的好政府，是幾乎所有中國知識分子的願望。很顯然，從一九三〇年代以後，胡適認定了蔣介石政府就是這樣一個可以寄希望的政府。故對胡適不得不屈從於蔣政府的原因，余英時在一篇文章中就曾做過一個歸納，即，這是因為，胡適當年認定：「（蔣介石）政府不是任何個人的，而是屬於大家的，政府若垮了，大家都無處可去」【二】。

把自己對國家的希望乃至個人命運同政府綁在一起，再正直的知識分子，也難免會被迫矮化自己的人格。讀一九三三年胡適給汪精衛信中所謂，我想保存這一點獨立的地位，「實在是想要養成一個無偏無黨之身，有時當緊要的關頭上，或可為國家說幾句有力的公道話……為國家做一個諍臣，為政府做一個諍友」【三】；比較一九五二年王芸生解釋他選擇向共產黨新政權「投降」的理由，是基於古訓「良臣擇主而仕」，決心改換陣營，來做新政權的諍臣策士【四】，云云，可知他們的想法幾乎如出一轍。

坦言之，現代中國知識分子最具特點之處，是他們急於求成的制度選擇和多變的政府選擇。任何研究過近代以來中國知識分子道路選擇問題的歷史學者，想來都能看出這其中弔詭的現象，即，一方面，正是他們向國人傳播了大量西方自由、平等之類的思想主張；另一方面，無論他們內心裡多麼渴望個性自由、和平改良、民主憲政，一旦國家民族出現危難，亦或中國可能面臨重大歷史轉折關頭，他們往往會本能地轉向他們原本在觀念上不認同，但現實上可能更容易幫助國家民族改變現狀的任何方法或政府。若依據馬克斯・韋伯責任倫理比信念倫理更重要的觀點【五】，他們的選擇似乎也未必就錯。

也因為自民國以來中國一直四分五裂，知識分子各自所秉持的「道統」不同，對國家民族問題及其前途的判斷、看法不同，遂導致他們對救國、建國的方法：制度，以及對選擇何種政府也差別甚大。認同方法A者，不認同方法B；認同甲制度者，不認同乙制度；認同此政府者，不認同彼政府，結果必定出現各走各路、投營效力，對此軟對彼硬的情況。即使同一主義

【一】胡適：〈福建的大變局〉，載《獨立評論》第七十九號，一九三三年十二月三日。

【二】余英時：《重尋胡適歷程——胡適生平與思想再認識》（桂林：廣西師範大學出版社，二〇〇四年），頁一三四。

【三】中國社會科學院近代史研究所中華民國史組編：《胡適來往書信集（中冊）》（北京：中華書局，一九八〇年），頁二〇八。

【四】「良臣擇主而仕」，古語為「良臣擇主而侍」或「賢臣擇主而事」。可參見《三國演義》第三回、第十四、第六十五回等。王芸生這裡有意改用了一個「仕」字。

【五】〔德〕馬克斯・韋伯著，馮克利譯：《學術與政治》（北京：生活・讀書・新知三聯書店，一九九八年），頁一〇五—一一七。對於德語 Gesinnungsethik 一詞的譯法，目前在中文中不盡一致，具體的困難之處可見第二六〇—二六一頁註釋中譯者所做的說明。〔德〕馬克斯・韋伯著，錢永祥等譯：《韋伯作品集I：學術與政治》（桂林：廣西師範大學出版社，二〇〇四年），頁二六〇—二六一。

者，態度、選擇常常也會兩樣。如陳儀深在〈國共鬥爭下的自由主義（1941—1949）〉一文中考察過的胡適、儲安平和張君勱，這三位自由主義知識分子，一九四九年時就一個附「國」，一個追「共」，一個飄零海外，各奔東西不說，愛國之心不變，對不同政府的態度全然不同。【一】足以見，知識分子與政治的關係，只用「軟弱」二字未必能解釋得清楚。

三、誰的「國家」？——柏拉圖的，還是盧梭的？

多年前，對亞洲，不用說，對中國情況更是毫無瞭解的馬克·里拉，也遇到過一個類似的問題。他注意的不是那些生活在所謂「鐵幕」背後的思想家和作家，對於這些知識分子的轉變，他尚能夠理解，知道有些不得不的原因。他奇怪的是類似中國近代以來嚴復、梁啟超、蔣廷黻、丁文江，乃至於胡適這樣的，並未處於危險境地而完全可以自由書寫的歐洲知識分子，為什麼也「在為暴政提供合法性辯護，或者更普遍的情況是，在否認暴政和西方自由社會的本質區別」【二】？

馬克·里拉在列舉了歐洲幾位著名的大學者令人歎息甚至是不恥的政治表現後，給讀者講了一個「敘拉古」的故事。他告訴我們，古希臘最偉大的思想家之一柏拉圖一直夢想參與政治生活，並想要成帝王師以建構「哲學家—王」之治。儘管雅典的一切無法實現他的理想，但到了公元前三六八年，一個居住在西西里島敘拉古城邦的叫迪恩的崇拜者來信，給了他一次這樣的機會。迪恩懇切邀請他前去輔佐並教導那裡年輕的新君主戴奧尼素學習哲學，他雖猶豫再三，還是抵抗不了這一可能實現自己政治抱負的巨大誘惑，決定乘船前往。結果，這個戴奧尼素不僅沒有用心學習哲學，而且還流放了迪恩，柏拉圖不得不黯然返回了雅典。幾年後，經不住迪恩再三來信說明戴奧尼素這回確有學習哲學的要求，柏拉圖又懷抱希望前往敘拉古，這次卻發現這個年輕君主變得更加狂妄，完全不可救藥了。至此，柏拉圖才算是徹底放棄了做帝王師、立「哲學家——王」的念頭。

馬克．里拉講述這個故事的用意很簡單，在他看來，「在歐洲歷史上，難以找到另一個世紀比二十世紀更能激發思考著的心靈的激情並將其帶入政治災難。法西斯主義、民族主義、第三世界主義——許多主義都源於對暴政的仇恨，所有的主義都能慫恿可憎的暴君，使得知識分子對暴君的犯罪視而不見。」如果像柏拉圖這樣睿智的思想家都無法抗拒「敘拉古的誘惑」，今天的知識分子就更難不被各種各式的政治浪潮所吸引了。他認為，問題的關鍵在於知識分子

【一】陳儀深：〈國共鬥爭下的自由主義（一九四一——一九四九）〉，載《中央研究院近代史研究所集刊》第二十三期，一九九四年六月。

【二】〔美〕馬克．里拉著，鄧曉菁、王笑紅譯：《當知識分子遇到政治》序言（北京：新星出版社，二〇〇五年），頁二。

內心中往往存在著某種強烈的慾望，而親暴政思想「原本是我們靈魂的一部分」。柏拉圖能夠看出這種慾望的可怕，保持了冷靜與從容，沒有助紂為虐，但二十世紀種種意識形態很容易「投合某些知識分子的自負和不加掩飾的野心」，使他們服從於某一理念，並激發起要成就一番事業的激情，他們卻不能像柏拉圖那樣「用健全的智識」來「控制內心的暴君」。【一】

應當指出，「敘拉古的誘惑」從來都是存在的，但柏拉圖沒有助紂為虐多半卻是偶然的。二十世紀的研究者，從R．H．格羅斯曼到卡爾．波普爾，很多人都意識到柏拉圖那個由「哲學家——王」統治的「理想國」的設想，按照今人的標準來看，不僅極端專制主義，而且既不「公正」也不「正義」。即使照馬克．里拉的敘述，柏拉圖所以會兩度離開敘拉古，也不是因為「健全的智識」，而是戴奧尼素並不需要他和他的哲學來改造敘拉古的統治方法。如果照卡爾．波普爾的解讀，這個敘拉古的故事反而還證明了柏拉圖「理想國」的可怕。波普爾甚至認為，這個戴奧尼素正是「按柏拉圖的學說行事的」。戴奧尼素是個暴君，但有史書記載，他殺人時是很痛苦的，因為他「在內心仍然是個理想主義者」。【二】無論如何，柏拉圖此行如果真能當上所謂「哲學家——王」，實施他所設計的「理想國」的種種措施的話，人們應該沒有理由相信他的所謂「健全的智識」能夠阻止這個理想的國家用暴力和專制來統治其內部的人民。

把二十世紀一波又一波暴力、專制的此起彼伏，歸結為我們內心某個角落裡「暴君」的作用，怕是過於簡單化的一種看法。更合理的解釋，似乎還應該在更早出版的朱利安．班達那本書裡去找。他的書名就叫「知識分子的背叛」。這本書出版的時間，還在上個世紀第一、二次世界大戰之間，歐洲各國民族主義、愛國主義、階級主義的鼓噪正甚囂塵上。朱利安·班達當時就直截了當地批評說，許多國家的知識分子都背叛了他們神聖的責任和使命。在他看來，知識分子理應成為人格自由價值的承擔者，理應是社會正義和真理的追求者，理應是法國《人權宣言》和美國《獨立宣言》的政治理想的守護者，但是，幾十年來，許多國家的知識分子卻都變成了國家主義者、民族主義者、階級主義者，變成了集體權利至高無上的辯護者。【三】和馬克·里拉不同，他並不認為問題的關鍵在知識分子的內心和靈魂。二戰結束後不久，他再版此書時已經就此得出了更明白的結論，他指出：雖然很遺憾，但這卻是一個事實，即這些理應「以捍衛諸如正義和理性等永恒不變的和大公無私的價值為己任的知識分子」所以會背叛自己

【一】〔美〕馬克·里拉：《當知識分子遇到政治》，頁一五六—一五七。另，哈維爾的解釋也類似。他認為，主要的問題出在「沒有耐心和出現精神短路」。見哈維爾著，黃燦然譯：〈知識分子的責任〉，佚名編：《哈維爾文集》（電子版），頁三六〇。

【二】〔奧地利〕卡爾·波普爾著，陸衡等譯：《開放社會及其敵人》（北京：中國社會科學出版社，一九九九年），頁一七七、三八〇注釋一。

【三】〔法〕朱利安·班達著，佘碧平譯：《知識分子的背叛》（上海：上海人民出版社，二〇〇五年），頁七八—八一、八三—八九。

的使命，他們的目的「主要是為了民族國家」【一】。

民族國家是一個現代概念，更是一個現代事物，但是，把個人置於這類龐然大物之下，強調小我服從大我，個人服從集體，「部分為了整體而存在」【二】，把對家族、部落、族群、國家的忠誠與犧牲當成衡量個人道德品行的標尺，卻並非是二十世紀才開始出現的情況。換言之，如果說存在著「知識分子的背叛」這一現象的話，那既不是一九四九年以後中國大陸的特產，也不是二十世紀以後才有的狀況。讀一下兩千多年前柏拉圖寫的《理想國》，那裡面幾乎每一條主張都是對現代人權、自由、平等觀念的否定。他想象中最「公正」也是最「正義」的理想國家和制度的主要內容，就是國家必須交由天性至善的哲學家及其智者來統治；計劃生育，「婦女公有，兒童公有，全部教育公有」；統治階級與被統治階級依照命定的安排，「各做各的事」；統治者有理由做一切事情，被統治者則不僅必須絕對愛國、絕對誠實，而且必須「像狗一樣……聽命於統治者」。因為這樣才符合國家利益，有利於「造成全國作為一個整體的幸福」。【三】

卡爾．波普爾的概括大概是最經典的了。他寫道：

這裡我們看到了，柏拉圖承認的首要準則是國家利益。只要是推進國家利益的都是好的、善良的、公正的。只要是威脅國家利益的就是壞的、邪惡的、不公正的。服務於它的行為是道德的；威脅它的行為是不道德的。……這是集體主義的、部落主義的、極權主義的道德理論：「善就是為我們的集團、我們的部落、我們的國家利益服務。」【四】

柏拉圖是古希臘最傑出的思想家之一，他的理念論經笛卡爾、休謨和康德等哲學家的發揮，可以說奠定了西方哲學思想中最重要的理性主義傳統。以重視理性著稱的柏拉圖竟會在他的《理想國》一書中如此直白地主張專制、暴力和不平等，這不免讓人有些不解。然而，如果我們能夠注意到他生活的那個歷史時代和歷史條件，就不奇怪了。

柏拉圖活著的那幾十年，恰好是經歷了伯羅奔尼撒戰爭失敗、三十人僭主集體垮臺、雅典民主制實施，和他的老師蘇格拉底被五百人議會處死的混亂時代。具有強烈的階級優越感和智識優越感的柏拉圖對把城邦國家的命運交給絕大多數目不識丁的所謂「公民」來投票決定的方

【一】〔法〕朱利安・班達：《知識分子的背叛》，頁五。

【二】轉見〔奧地利〕卡爾・波普爾：《開放社會及其敵人》，頁二〇〇。

【三】〔古希臘〕柏拉圖著，郭斌和、張竹明譯：《理想國》（北京：商務印書館，一九八六年），頁八八、八九、一二四、一六七、一六八、二五五、二七九、三一二、三一七。

【四】〔奧地利〕卡爾・波普爾：《開放社會及其敵人》，頁二〇九。

法，深惡痛絕。【一】他傾向於構建一個不變的理念的世界，用專制的方法來統攝現實生活中被感性支配的混沌世界，恰恰也是其理性思考的邏輯結果。

哲學家的柏拉圖所以會想去構建那樣一種在今人看來不可思議的「理想國」，又是和他自身經驗與知識的歷史局限分不開的。他生活的古希臘，社會進化才從部落文化發展到城邦社會，解決內部或外部衝突的辦法基本是暴力的。古希臘奴隸制經濟的生產方式包括戰爭方式都還相當落後，生產工具及其戰爭兵器也還處在從青銅器到鐵器的過渡期，在頻繁的戰爭中採取的也是密集的集體隊列群體對抗的方式，個人在社會中的地位及作用都極其有限。由於當地的自然環境十分特殊，個人生存嚴重依賴於群體的存在，「就像兒童對其家庭和住家的體驗一樣」【二】，這也就決定了當時的希臘人還只能靠小國寡民的城邦制維繫他們那個群體的生存方式，個體權利意識及平等觀念很難生成並發生影響，整體主義、專制主義、赤裸裸的階級觀念，更容易大行其道。古希臘的著名思想家，包括畢達哥拉斯、赫拉克利特、德謨克利特、蘇格拉底、亞里士多德等，無一例外地認同奴隸制，相信城邦共同利益高於個人利益，其政治哲學中整體主義的思想如出一轍，蓋出於此。

如果我們對古希臘思想家及其政治理想選擇可以做如此瞭解的話，那麼，我們理當相信，處在不同歷史時期、自居於不同歷史環境或歷史發展條件下的不同的人——尤其是他們當中思想著的知識分子——認識社會問題的眼界，也一樣會受到他們所處時代、環境、條件的影響與局限。令人遺憾的是，人類社會依靠落後農業和手工業維持大眾生計的時間表延續了太長的時間，用依迪絲．漢密爾頓的話來說：那個時代，「為了多數人的利益，個人根本就沒有任何權利可言，任何公共利益都可能要求個人獻出他們的生命，甚至為了獲得更好的收成，就要用他們的鮮血去肥沃土地。」在絕大多數地方，「只有在過去的幾百年——甚至更短的時間裡——才出現了一些改變的跡象」。【三】注意到時至今日世界上大多數地區的人民仍舊遠離現代生活，多數國家邊遠偏僻鄉村的人們仍舊生活在農業社會中，越是後發國家，知識分子的眼界越受環境局限，我們或不難理解，自柏拉圖以來兩千年之久，即使是到了最近幾百年，人類思想觀念的變化不能不是極其緩慢而艱難的。

如何判斷一個社會真正發生了從古代到現代的重大轉變？美國作家安．蘭德有過一個略顯極端的說法。她寫道：「歷史的每一頁都在告訴我們，人類的進步只有一個源泉：獨立行動的個人。集體主義是野蠻人的原則。野蠻人的生存是公有的，受到其部落法規的約束。文明是把

【一】古希臘著名思想家蘇格拉底、亞里士多德，乃至對國家幫助極大的著名將領，如阿里斯提德、地米斯托克利、亞西比德等，都被這種公決式的投票法，或處以死刑，或放逐海外。

【二】〔奧地利〕卡爾．波普爾：《開放社會及其敵人》，頁三二九。

【三】〔美〕依迪絲．漢密爾頓著，葛海濱譯：《希臘精神》（北京：華夏出版社，二〇〇七年），頁五、三〇七。

人從其他人那裡解放出來的過程。」【一】

簡單地把集體主義一棍子打倒，視之為野蠻社會的標誌，無疑並不可取。從歷史學的角度，無論是就血親、部落、城邦，還是就民族、國家，整體主義或集體主義觀念的存在或生成，總是特定歷史階段中人們的生活方式和生產方式下的產物，有其歷史的土壤、條件與客觀需要，反映了社會發展階段的某種因果聯繫。【二】在特定歷史條件下，其歷史作用只能歷史地看待，具體問題具體分析。但是，安．蘭德的這一說法不論多麼過激，卻包含著某些歷史唯物論的影子。因為，就像馬克思以及梅因等人講過的，個人地位、權利和自由的逐漸改善，尤其人對物、人對人以及對集體的依賴性的改變，本身就反映了人類社會歷史的進化。

主張革命的馬克思也談到「集體」，但他所看中的「集體」和柏拉圖主張的「部分為了整體而存在」的那種忽視個人權利與自由的整體主義意識形態所重視的實為整體的集體，並不相同。他主張的其實是一種「共同體」，亦即個人的聯合體。在馬克思看來，階級社會條件下的所謂「集體」不過是一種「虛幻的共同體」，真正的個人並不存在，人不過是物及其社會關係的隸屬物。他主張的共同體，是人已經控制了自己的生存條件之後，各個人都是作為個人，並且是基於個人的自由意志進行的聯合。這種聯合體不會變成所謂的民族國家，即轉化成個人自由的桎梏和對立物。相反，這種聯合體只有充分保證每個人的自由發展，才能帶來聯合體的自由發展。【三】在這裡，個人權利及意志的自由是馬克思衡量所謂「集體」是真是假的關鍵所在。正因為如此，當今知識界用以評判一個社會現代文明發展的尺度，已經越來越多地不是看作為整體或集體的國家、民族的強弱，而是要看個人權利及其自由受保護和尊重的程度，是不可避免的。

現代思想家中激烈抨擊一切集體主義意識形態的卡爾·波普爾，在他的《開放社會及其敵人》一書中，對於集體主義與個人主義各自的意義及其作用有過具體的討論與說明。他關於強調個人自由、權利的個人主義未必不利他，強調國家、民族、階級之類群體的集體主義未必不利己；相對於極端利己的集體主義，兼顧利他的個人主義更適合於社會發展的觀點，無疑是有說服力的。【四】但是，卡爾·波普爾的討論似乎僅僅停留在了文本和觀念上面。以柏拉圖為猛烈

【一】〔美〕安·蘭德著，章豔譯：《通往明天的唯一道路——安·蘭德專欄集粹》（桂林：廣西師範大學出版社，二〇〇四年），頁一六八。

【二】至於是「經濟基礎」決定了「上層建築」，還是經濟與政治制序的變遷改變了舊的意識形態及觀念，馬克思和道格拉斯·C·諾思雖有不同解讀，但他們相信受到經濟社會關係影響的社會的制序化及其變遷是基礎，觀念文化受之左右的看法，基本上是一致的。參見韋森：〈個人主義與社群主義——東西方社會制序歷史演進路徑差異的文化原因〉，載《復旦學報（社會科學版）》二〇〇三年第三期。

【三】有關這方面的論述可參見〔英〕梅因著，沈景一譯：《古代法》（北京：商務印書館，一九九六年），頁九六—九七；〔德〕馬克思、〔德〕恩格斯：《德意志意識形態（節選）》，載《馬克思恩格斯選集》第一卷，頁一一八—一二一；〔德〕馬克思：《政治經濟學批判》，載《馬克思恩格斯全集》第四十六卷（上）（北京：人民出版社，一九七九年），頁一〇三—一〇六。

【四】〔奧地利〕卡爾·波普爾：《開放社會及其敵人》，頁一九九—二〇二。

批判對象的討論，顯示他忽略了古代和現代的區別，沒有注意到社會發展程度對人的觀念及其視野帶來的局限與影響的作用；沒有注意到不同歷史條件下整體主義也好、集體主義也好，它們對人的生存與發展的意義和作用不同；沒有注意到不同時代及不同條件下整體主義與集體主義的出發點及其內在理念不同；沒有注意到現代人類社會其實正經歷著一個從整體主義的向集體主義的並向現代個人主義的或以個人主義為基礎的社群主義社會轉變的歷史過程。他對兩千多年前柏拉圖理想主張的擔憂，反映了他對現實政治中如雨後春筍般湧現出來的種種名為集體主義，實為整體主義的意識形態高度警覺與緊張的心理。正是因為不是從歷史進化的角度來理解集體主義思潮生成的現象，因此他明顯地感到困惑：西方現代文明全球化獲得了巨大成功，古代整體主義制度與觀念幾乎被摧毀殆盡，何以又會激盪出一波又一波集體主義意識形態的洶湧浪潮來呢？

西方現代集體主義的萌芽，可以追溯到法國十八世紀啟蒙思想家盧梭。作為啟蒙思想家，盧梭是最早系統提出人權學說、公開宣揚個人主義的人；但他同時又是近代思想家中最先明確提出人類必須結合成「一個道德的和集體的共同體」，堅決主張集體主義的人。他宣稱，一旦國家成立，對任何國民的侵犯都等於攻擊整個國家；而對國家的侵犯就更等於攻擊所有國民。也因為國家是由組成者各個人所構成，所以國家沒有，也不可能有與國民利益相反的任何利益；而任何國民不僅對國家的事務負有義務，而且必須服從國家的意志。【二】在這裡，歷史發展過程的過渡狀態表現得是那樣明顯。即在反對古代專制統治下的整體主義等級制度、倡導人生而自由平等的同時，盧梭依舊是站在古代社會對人與自然關係，以及人與社會關係的認識層面，把人看成是孤立的原子，相信無論從自然生存的角度還是從社會生存的角度，人「除非集合起來形成一種力量的總和」，否則都無法維護自身權益。【二】結果，從申張人權的角度，盧梭看似是個人主義的主張者；從強調集體主權的角度，盧梭卻處處表現出某種整體主義的傾向。由此不難看出，就思想史的角度而言，集體主義不僅是現代產物，而且還是從人生而平等的人權啟蒙思想出發的。只是，作為一種從古代到現代的過渡，它不能不兼有整體主義和個人主義的因子。

現代集體主義意識形態的普遍興起，與兩千多年前柏拉圖《理想國》的影響作用關係不大，倒是與盧梭一輩歐洲近代思想家的自由、平等思想主張及其早期資本主義的迅猛發展，關係密切。這是因為，人類歷時兩千多年從古代社會向現代社會的演進過程，確實伴隨著一個自由、平等觀念逐漸形成，個人自由、個性解放、權利意識日漸張揚，古代整體主義制度和思想不斷瓦解的過程。只是，西方個人主義的張揚與古代整體主義制度的瓦解，並沒能迅速推進人

【一】〔法〕盧梭著，何兆武譯：《社會契約論》（北京：商務印書館，一九七九年），頁二六—三一。

【二】〔法〕盧梭：《社會契約論》，頁七、二三—二四。

類全體的文明進程。稍微回顧一下歷史就能看到，由十四至十七世紀文藝復興和地理大發現推動起來的早期資本主義，恰恰導致了卡爾．波普爾不願看到的個人主義與利己主義相結合的種種惡果。一時間，物質主義、種族主義、殖民主義、帝國主義席捲而來，不僅造成了西方社會內部嚴重的道德淪喪、社會分化、階級鬥爭，而且在全世界範圍內製造了空前規模的野蠻侵佔、掠奪、奴役、壓迫、屠殺和戰爭。工業最先發達起來的英、美等國，竟然還重新復活起一千年前就已經退出歷史舞臺的奴隸制來了。

西方資本主義早期優勢幾乎全部依賴於技術。「技術統一了世界」，資本主義生產方式席捲全球，看似各種自然、歷史造成的區分與隔閡被沖決、打破，無序競爭的大小國家或族群逐漸走向了馬克思所預言的將結合為一個擁有統一的政府、統一的法律的統一的民族形式。【二】但事實恰恰相反。

首先，現代資本主義帶來的社會分化、民族構建，在不斷生成新的階級、階層、民族、國家的同時，勢必會不斷催生出適合於這種社會發展趨勢的集體主義意識形態和知識分子群體。這是因為，社會組織分化得越快，社會思想也就越易趨於多元；世界被切分得越細，相互區別的各個群體或國家也就越需要某種集體主義的意識形態來證明自己存在的獨特性與合法性，以凝聚人心。

其次，就像漢娜．阿倫特指出過的，資本主義生產方式的全球化，不僅沒有推動歐洲走向統一，反而最先加速了歐洲自身的解體；這種生產方式越在全世界擴張，就越把歐洲的解體過程，通過現代民族國家的形式，輸送到了地球的各個角落。【二】一方面是炮艦政策掀起的掠奪、壓迫的狂潮；一方面是西方現代文化思想的廣泛傳播。結果，西方自由平等及個性解放觀念越普及，就越是有力地推動了包括歐美自身在內的民族獨立、自決和解放意識的發生和覺醒。一七七六年北美洲十三個英屬殖民地宣告成立「美利堅合眾國」的《獨立宣言》，就揭開了世界各種被壓迫群眾用自由、平等思想和個人權利不得侵害的現代個人主義政治主張，集體向殖民主義、種族主義、帝國主義抗爭的序幕。【三】這種明顯具有羅爾斯所主張的那種權利正義性質【四】的集體抗爭，多半固然受到民族主義，甚或國家主義之類集體主義意識形態的影響，卻未必都會帶來古代整體主義主張和制度的全面復歸。美國就是一個明顯的例子。

自美國宣告獨立解放以來，迄今不過三百年，世界版圖已經被一個又一個「民族國家」劃

【一】〔德〕馬克思、〔德〕恩格斯：《共產黨宣言》，載《馬克思恩格斯選集》第一卷，頁二七六—二七七。

【二】〈卡爾．雅斯貝爾斯：世界公民？〉，載〔德〕漢娜．阿倫特著，王凌雲譯：《黑暗時代的人們》（南京：江蘇教育出版社，二〇〇六年），頁七四。

【三】《美國憲法及獨立宣言（第二十四版）》（華盛頓：美國政府印刷局，二〇〇九年），頁三五—三六。

【四】〔美〕約翰．羅爾斯著，何懷宏等譯：《正義論》（北京：中國社會科學出版社，一九八八年），頁一六—一七、五六—五七。

分殆盡。數百年前身處農業社會中的絕大多數普通人還不知有國，到如今世界上的國家已有二百多個，並且還有繼續裂變新生的趨勢。這一個又一個所謂現代民族國家的形成，和資本主義生產方式及其技術的全球化，恰成對立之象。正如卡爾·雅斯貝爾斯注意到的那樣，現代民族國家不僅對個人的自由解放鮮有建樹，它對個人構築的重重壁壘而且還遠勝過古代的部落、城邦及國家因自然歷史所形成的局限性。這是因為，現代主權、領土疆界及其各種相關法律的設定，嚴密地圈起並限制了個人的活動空間，強行把過去自由往來的這一地區的居民同其他地區的居民區分開來，並製造出各種政治的、文化的獨特性，建構出越來越多自我感覺良好的政治族群。【一】而隨著越來越多在現代技術及其觀念的發展程度上遠遠落後於美國、在文化傳統歷史影響上又各具特色的眾多民族國家的興起，它們會選擇適合於自身存在的某種集體主義意識形態及其制度方法，又是很難避免的。

可以肯定，伴隨著早期資本主義的成長，十七、十八世紀「意識形態時代」的產生【二】，包括此後諸如法西斯主義、民族主義、國家主義、階級主義之類集體主義觀念和信仰會拔幟而興，多半都是和資本主義這個特殊歷史時段所造成的巨大歷史變動及其複雜的矛盾衝突分不開的。不要說那些謀求集體強權以奪取民族、國家或群體利益的集體主義者，即使是那些普通的知識分子，出於對自由、平等或公平、正義原則的格外敏感，在此種現實的政治變動、欺凌、壓迫及傷害面前，他們又如何能夠無動於衷，埋頭於對科學真理的追求，而不參與到這種集體的抗爭中去呢？這種為了獲得公平與正義的強力抗爭，一旦發展到必須要靠強力來維持整體利益才能在與其他民族國家的競爭中獲得尊嚴與發展條件的時候，誰又能保證它不會走到集體利己主義的方向上去，造成更多外部緊張與衝突呢？而大批原本就很落後、內部四分五裂的國家成立之後，誰又能保證那些靠強力建立起來的政權，不反過來在內部壓迫和傷害個人權利與自由，走上整體主義的道路去呢？歷史有時就是這樣弔詭。

為了自己的國家、民族，二十世紀眾多知識分子的政治選擇，和兩千多年前的柏拉圖的設想，在本質上恐怕沒有太多區別。無論他們是求助於自由主義、民主憲政，亦或求助於集體主義、獨裁專制，多半不過是基於時代和環境提供給他們個人的智識與眼界，使他們對救國或建國的方法、道路的有效性和正當性，形成了不同的理解罷了。像海德格爾一九三〇年代選擇站

【一】〔德〕卡爾．雅斯貝爾斯著，魏楚雄、俞新天譯：《歷史的起源與目標》（北京：華夏出版社，一九八九年，頁一八一——一八五。斯科特從另一角度也探討了這方面的問題，他從「為什麼國家看起來似乎總是『那些四處流動人群』的敵人」的問題出發，同樣發現：現代民族國家對人的控制遠遠超過了近代以前的任何絕對君主的社會改造和社會控制夢想。見〔美〕詹姆斯．斯科特著，王曉毅譯：《國家的視角——那些試圖改善人類狀況的項目是如何失敗的》導言（北京：社會科學文獻出版社，二〇〇四年），頁一——二、四七二。

【二】〔英〕約翰．B．湯普森著，高恬等譯：《意識形態與現代文化》（南京：譯林出版社，二〇〇五年），頁八八。

到德國納粹黨人一邊，內心旨在藉助「國家社會主義」的理念，實現「民族復興」的大業；【二】丁文江等人當年主張用「新式獨裁」救中國，內心仍期待著未來的民主政治一樣，他們每一個人所謂「軟弱」或「背叛」的行為背後，都有對民族國家前途命運的強烈關懷在起作用。只不過，同樣在民族國家利益的考量下，丁文江等人想的可能是救急，而海德格爾想的多半就是做另一個柏拉圖了。

四、漢娜．阿倫特：真正的知識分子是以人為本的「世界公民」

結合柏拉圖的《理想國》，與馬克．里拉和卡爾．波普爾講的那個不同版本的敘拉古的故事，我們應該很容易看出，在知識分子與現實政治之間其實常常佈滿了危險的陷阱。這中間，有些毫無疑問原本就是充滿了權力機詐和利益衝突的政治場中早早就埋設好了的，有些卻是習慣於形而上的理性思考者，在面對完全不能靠邏輯和道理來解決的實際政治問題時，腿腳不便才會跌落的路邊的深坑。

研究知識分子與現實政治的關係時，一方面要充分理解，甚至肯定知識分子關懷現實政治之「忍不住」的正當性；一方面更要正視知識分子貿然站上政治舞臺去參與政治本身的極大冒險性。從柏拉圖到海德格爾，從張東蓀到胡適，他們追求終極真理的熱忱及力圖改造現實政治的抱負再不實際，也應給予同情之理解，但坦率指出他們思想政治眼界及其性格能力方面的局限性，對後來者可能更有意義，也更為重要。這是因為，對於今天及以後的人而言，我們固然應該瞭解任何知識分子都會犯錯誤，因為他們和普通人一樣，先天就有這樣或那樣的不足與局限，他們所處的時代及其環境、條件，更會極大地限制他們的思想和眼界。我們同時也不能忘記，知識分子並非普通人，他們不僅要為自己，而且要為社會、為人類探求真理和守護正義與公平。因而，他們理應洞悉自身和歷史的局限之所在，瞭解人類歷史進化發展之大勢，謹守知識分子的使命與責任。如果他們也像眾多只知從現實利益著眼的政治家或普通人一樣，或因狂妄，或因短視，動輒出錯，其影響可能就不止於其個人，而有可能會因指錯路，導致無數人站錯隊了。

知識分子的使命是什麼？當今的說法五化八門，但歸結到一點，恐怕還是應該做「社會的良心」。這裡的「社會」，既是指知識分子生活的人群，如族群、民族、國家那個小社會，更是指包含了全世界人類整體的那個大社會。知識分子個人活動的舞臺固然多在小社會，但知識分子用以衡量公平、正義的良心尺度，以及探求公平、正義的根源與意義的出發點，卻必須以人類這個大社會為其根據和範圍。換言之，知識分子理應是漢娜．阿倫特所推崇的「世界公

【一】轉見〔美〕馬克．里拉：《當知識分子遇到政治》，頁二〇—二一。

民」，理應擁有「世界觀點」，【一】不應該畫地為牢，僅以一「族」或一「國」的集體利益和前途為奮鬥目標。就像卡爾·波普爾所說以及二十世紀歷史已經再三證明過的，集體主義觀念驅動下的階級利益或國族利益與前途，若不能依據利他主義原則切實把握的話，常常也會變成集體利己主義，甚或整體主義，進而變成衝突、擴張、壓迫和暴力的堂皇藉口。【二】因此，知識分子，無論在任何場合與任何範圍，都應該「以人為本」，他們承擔的社會良心的職責與使命的對象，首先都應該是，也必須是「人」（human being）。

究竟什麼樣的人，在今天可以稱得上是真正的知識分子？就中國現代史的視野中，雷震、殷海光是不能不提到的代表性人物。他們是因為相信和追隨國民黨去了臺灣的，但他們並沒有因此就默認了國民黨在臺灣的所作所為，而是敢於為普通百姓出頭來爭公平和正義。但在這裡，我們更應該注意的是那種以人類為關懷對象因而擁有「世界觀點」的大知識分子或大思想家。為此，我們不妨來看一下那個與海德格爾齊名的德國大哲學家卡爾·雅斯貝爾斯的情況和世人的評價。在身陷於法西斯黑暗統治的十一年裡，這位堅持不合作的大哲學家，雖然因為國際知名，沒有家破人亡，但因太太是猶太人，仍不得不時時面臨恐懼，且長期不得工作。然而他並沒有因此向納粹政權妥協，且不懼各種脅迫，堅持與他的猶太妻子同生共死。只是因為美軍的及時佔領，他和他太太才得以免除了幾乎不可避免會降臨到他們頭上的滅頂之災。

能夠在那樣恐怖和殘酷的環境中堅持下來而不屈服，讓戰後的卡爾·雅斯貝爾斯贏得了很多讚譽。但謙遜的他從不接受什麼「英雄」的稱號。他講得很誠懇：「我們這些倖存者沒有去尋求死亡。當我們的猶太朋友被押遣走的時候，我們並沒有上街示威，也沒有大聲吶喊。……我們苟且地活著，其理由儘管是正當的，但卻是那樣的軟弱無力。這個理由便是：我們的死亡無濟於事。」

沒有人會因此責難他。相反，世人更多地從他的堅持中看到了理性的力量。傳記作家薩尼爾滿懷敬佩地寫道：在如此黑暗的時期，卡爾．雅斯貝爾斯竟然仍舊能同妻子一道勤奮地工作不息。不是為讀者，而是為自己。在他看來，這種鎮定和堅韌，關鍵在於這位哲學家始終保持著「科學的純潔性、信仰的明晰性、對理性的執著、偉大傳統的實質」這一「基本意志」。【三】

漢娜．阿倫特是卡爾．雅斯貝爾斯最好的朋友和同道之一。她的讚賞與評價應該最準確和最有分量。而她對雅斯貝爾斯的高度讚揚，其實可以集中在兩個字上：「人性」（humanitas）。【四】

【一】〈卡爾．雅斯貝爾斯：一篇讚詞〉、〈卡爾．雅斯貝爾斯：世界公民？〉，〔德〕漢娜．阿倫特：《黑暗時代的人們》，頁六七、七五—七六。

【二】〔奧地利〕卡爾．波普爾：《開放社會及其敵人》，頁二〇九。

【三】〔德〕薩尼爾著，張繼武等譯：《雅斯貝爾斯》（北京：生活．讀書．新知三聯書店，一九八八年），頁五六—六四。

【四】〔德〕漢娜．阿倫特：《黑暗時代的人們》，頁六八。

她寫道：

> 這整個災難事件從來都不能誘惑他放棄「人性」——這就是他的不可冒犯之處。對於那些瞭解他的人來説，這意味著比抵抗和英雄主義重要得多的東西。它意味著一種無須證明的信心，意味著一種確信：在一個什麼事都可能發生的時代中，有一件事絕不會發生。雅斯貝爾斯是完全獨立的，他所代表的並不是德國人，而是德國人中僅存的humanitas。【一】

在漢娜·阿倫特看來，雅斯貝爾斯更能折射出其人性光芒之處，是當他經歷並認識到人類黑暗和罪惡的可怕之後，「懂得了什麼是整個人類事務領域中最本質的東西」，進而能夠努力通過寫作把自己的研究主動與學界中人往往不屑一顧的政治聯繫起來的那份激情。她寫道：

> 沒有人能像雅斯貝爾斯那樣，使我們克服對於公共領域的不信任……他像康德那樣，不止一次地離開學院範圍及其概念化的語言，去向一般的讀者大眾發言。而且，有三次他直接切入到時代的政治問題中：第一次是納粹上臺前不久所寫的《現時代的人》（*Man in the Modern Age, 1933*）；第二次是在第三帝國陷落後不久的《德國罪行問題》（*The Question of German Guilt*）；然後就是今天的《原子彈與人類未來》（*The Atom Bomb and the Future of*

Man）一書。因為他知道，正如政治家的行動所表明的那樣，政治問題是如此嚴肅，我們決不能僅僅把它交給那些政客。

雅斯貝爾斯對政治領域的肯定是極不尋常的，因為它來自一位哲學家，來自作為他全部哲學活動之基礎的那個根本信念：哲學和政治關係到每一個人。這就是它們的共同點，也是它們歸屬於公共領域的原因，在其中人的人格及其檢驗自身的能力得以展現出來。【二】

漢娜·阿倫特不無感慨地告訴世人，和那些「只需要對自己的民族負責」的政治家不同，雅斯貝爾斯是極少數真正用「世界觀點」看世界的「世界公民」。他的無比傑出，就在於他始終熱情洋溢地想用自己發現的真理給世界帶來光明。他希望的，「是在整個人類面前承擔自己的責任」，是想要使這個世界上每一個人都能夠像火花那樣，閃耀出明亮的光。【三】

由卡爾·雅斯貝爾斯的故事不難看出，世人對知識分子其實充滿寬容和理解。沒有人要求知識分子衝上政治第一線，沒有人認為只有加入抵抗力量，或上街遊行、示威、喊口號，才算

【一】〔德〕漢娜·阿倫特：《黑暗時代的人們》，頁六五。
【二】〔德〕漢娜·阿倫特：《黑暗時代的人們》，頁六六、七〇。
【三】〔德〕漢娜·阿倫特：《黑暗時代的人們》，頁六六—六七、七二、七五—七六。

是不妥協。人們甚至不要求知識分子拿起筆作刀槍。即使在還有一定言說空間的社會裡，人們固然樂見像馬克．吐溫或魯迅，甚至是殷海光那樣的社會批評家，但相對於人類歷史，相對於一個國家和民族，所有人都清楚，我們更需要那種能夠用理性之光照亮整個人類前進方向的大思想家，亦即需要那種真正屬於全世界的大知識分子。

二十世紀以來，不獨中國，悲歎、痛斥知識分子軟弱、背叛，甚或正在消失的西方學者的著作文章越來越多。一個重要原因，就是像古希臘眾多哲學家，以及十七、十八世紀眾多思想家那樣，以人世真理，以人性、人道、人權，以人的自由、平等、權利和尊嚴作為研究對象，從各個方面、各個角度全面地進行思考、研究的，超越民族國家的大哲學家、大思想家，越來越少。【一】相反，無論西方，還是東方，到處都被工業化促成的專業化、技術化、行政化，加上市場化的發展趨勢所左右。這一方面助長了物質主義和金錢至上的社會風氣，一方面加劇了因經濟發展和競爭引起的國家利益的衝突。多數國家的知識分子都自覺不自覺地把自己擰在了自己國家或族群的發展機器上，只與「自己人」同呼吸、共命運，以至漸漸忘記了作為本應屬於全人類的知識分子，自己的那一份使命與責任了。

記得好幾年前看過一部名叫 *Joyeux Noel*（停戰之夜）的影片。片頭是德、法、英三國兒童在教室裡朗誦本國政府告知國民的戰爭理由，說什麼這是保衛祖國之戰，每個公民都要不惜代價為國效力云云。片子接著就把鏡頭轉向了第一次世界大戰時英法聯軍與德軍血腥的戰鬥場面，無數普通士兵倒在戰場上和壕溝裡。但就在這一場看似充滿了你死我活的敵對情緒的戰爭期間，在法國巴黎附近的戰場上，竟然上演了一幕十分感人的場景：聖誕之夜，隨著一聲友好的問候，敵對雙方官兵試探著從各自戰壕裡走了出來，互相交換聖誕禮物，進而開始一同祈禱、歌唱、踢球，自動休戰了三天。這部影片描述的是第一次世界大戰期間發生過的一件真實的事情，它再清楚不過地反映出所謂「民族國家」與每一個普通人之間的複雜關係。事實上，在上千年前，這些交戰者多半就源自於同一個民族，他們中間許多人還有血緣關係。因此，像這場打著「保衛祖國」的崇高旗號的殘酷戰爭，未必是這千千萬萬原本就有著共同祖先的普通人所需要的。

從人類文明發展史的角度看問題，用法律的形式把人們強行限制在一塊相對固定的地界之內、與周邊其他地界內的人們相互隔離、限制人們自由流動的這種「民族國家」，充其量也不過只有最近二三百年的歷史。越是經濟晚發達或不發達地區，這種民族國家形成的時間還越

【一】〔美〕拉塞爾・雅各比著，洪吉譯：《最後的知識分子》（南京：江蘇人民出版社，二〇〇六年），頁三―十；〔美〕理查德・A・波斯納著，徐昕譯：《公共知識分子――衰落之研究》（北京：中國政法大學出版社，二〇〇二年），頁二〇八―二一〇；〔美〕劉易斯・科塞著，郭方等譯：《理念人：一項社會學的考察》，頁二七八―二八二；〔英〕弗蘭克・富里迪著，戴從容譯：《知識分子都到哪裡去了？》（南京：江蘇人民出版社，二〇〇二年），頁六―十一、二五―二八；〔美〕安・蘭德著，馮濤譯：《致新知識分子》（北京：新星出版社，二〇〇五年），頁三七―六六。

晚。二十世紀一百年裡，民族或國家分分合合，無休無止。也正因為如此，歐洲發達國家的知識精英長期以來並不認真看待這一「民族—國家」現象。【一】十九世紀中後期馬克思共產主義者就已經斷言民族國家即將消亡；【二】一百年後湯因比推出其鴻篇巨製的《歷史研究》，仍毫不含糊地宣稱：壽命有限的民族國家不能當作歷史研究的一般範圍；【三】直到二十世紀末，蘇聯東歐全面解體，再度分裂出諸多小民族、小國家，研究二十世紀史著作等身的霍布斯鮑姆仍堅持認為，作為一種帶動變革的力量，民族國家已經式微，「民族主義也會逐漸消失」。【四】

當今的民族國家是一種客觀存在，身為一族一國之知識分子不可能不關心本族、本國的問題，不可能不研究造成本民族、本國家與他民族、他國家間紛紛擾擾的利益衝突的成因和解決辦法。但是，現代知識分子不能像古代思想者那樣，見木不見林，只生活在自己族群的意識之中。現代知識分子理當謹守人類最基本的道德底線，他們應該清醒地瞭解自己選擇站在被壓迫的階級、民族、國家一邊的根本原因何在。這也就是為什麼，漢娜·阿倫堅持認為，知識分子理當不同於政治家，他們本質上理應是世界公民，他們的一切思考都應該站到整個人類的立場和高度上來。對本族、本國問題的關心，首先應該基於人性、人道、人權的關心；對民族國家間矛盾衝突原因及其解決辦法的研究，同樣也應該基於人性、人道、人權的觀念和公平、正義的原則考慮問題。不論今人對民族國家存在與發展的前景怎樣解讀，也不論每個國家的知識分子對自己民族或國家抱有何種看法與情感，擺在每一個號稱知識分子或自認為屬於知識分子的讀書人面前的一個起碼的要求就是：作為人類精神生產者和人類基本道德底線的守護者，知識分子理應把對人的關懷放在首位；理應把普世性的道德倫理標準和對公平、正義、和平理念的堅守放在首位。也就是說，知識分子理應把對國族的關懷與對人的關懷統一起來，要基於人性、人道、人權的觀念和公平、正義的原則來認識和對待國族的問題。

從人類社會發展的大勢上也可以清楚地看出，人類文明進步的尺度從來不是按照民族國家生成的步伐前行的。從部落，到城邦，到王國，到專制帝國，再到現代民族國家，人類社會按照整體性原則哪怕是集體主義意識形態前行的每一步，都不可避免地會充滿了爭奪、暴力、壓迫和血腥。然而，人類社會從蒙昧，到野蠻，到文明的發展進程，也一直在沿著重人性、講人

【一】轉見葉江：〈當代西方的兩種民族理論——兼評安東尼．史密斯的民族理論〉，載《中國社會科學》二〇〇二年第一期。

【二】〔德〕馬克思、〔德〕恩格斯：《共產黨宣言》，載《馬克思恩格斯選集》第一卷，頁二九四。

【三】〔英〕湯因比著，〔英〕索麥維爾節錄，曹未風等譯：《歷史研究（上）》（上海：上海人民出版社，一九八六年），頁十四。湯因比在與池田大作的對話中，更進一步表達了類似的思想，如強調國家應該僅僅作為公共設施存在；民族國家正在衰落，各個國家的主權「都要服從於全球的世界政府的主權」等。見〔英〕湯因比、〔日〕池田大作著，荀春生等譯：《展望 21 世紀——湯因比與池田大作對話錄》（北京：國際文化出版公司，一九九七年），頁二一一—二一二。

【四】〔英〕霍布斯鮑姆著，李金梅譯：《民族與民族主義》（上海：上海人民出版社，二〇〇〇年），頁一九六、二二四。

道、爭人權的道路艱難前進，一直在和強調整體、忽視個體的整體主義所催生的壓迫與暴力相抗爭。

事實證明，自古希臘以來幾乎所有著眼於人類命運和前途問題的重要思想家，都不同程度上為在人類社會建樹自由、平等與公平、正義、和平的理念，做出過貢獻。正是因為他們前赴後繼的不斷努力，當今人類社會才會對歷史上原本不被置疑的壓迫、掠奪、侵略、戰爭，以及種種嚴重傷害人權的殘暴行為，逐漸形成了批判性共識，並據此締結了或制定了各種國際公約和國際法，在相當程度上威懾和抑制了歷史上大規模野蠻傷害人權的殘酷暴行的持續上演。儘管涉及到文化觀念、道德價值的改變從來都極其緩慢，但人類文明的進化卻始終是在艱難前行。不必和一兩千年前的野蠻社會比，就是和幾十年前相比，人類社會在這方面的進步幅度都是歷歷在目、清晰可見的。

能不能看出歷史發展的大勢，能不能站在「人」的角度看社會政治問題，直接關係到本書所談論的知識分子的所謂「軟弱」或「背叛」的問題。從這一角度來看，中國過去所以不易產生出卡爾．雅斯貝爾斯那樣完全不為「敘拉古的誘惑」所動搖的大思想家或大知識分子，恐怕既有中西文化和制度結構差異的影響，也和社會發展階段的滯後有關。

如前所述，越是經濟發展落後的社會，越是容易崇尚集體主義，甚或是整體主義的制度主張。但是，任何基於自由、平等原則和公平、正義理念為爭取族權、國權而努力的知識分子，都絕不應該讓自己淪落到要去為叢林法則做辯護的地步。必須看到，越是以整體主義，哪怕是過多地從集體主義的心態看待民族國家之間的發展差距，也就越容易造成充滿悲情意識的民族主義的社會氛圍。任何知識分子一旦陷入到民族主義的悲情或亢奮之中，不僅變不成以「世界觀點」來看待民族國家問題的「世界公民」，其被「敘拉古的誘惑」所俘虜，忘記甚至背棄自己知識分子的職責與使命，也只是早晚的事情。

（原載《「忍不住」的關懷——1949年前後的書生與政治》餘論，二〇一六年）

如何認識歷史人物的「歷史問題」

——以美國夏洛茨維爾事件和「改寫歷史」風波為中心

有學者概括前兩百年西方史學發展態勢，稱十九世紀是史家的黃金時代，獨佔鰲頭，曾不可一世；進至二十世紀不僅自身陣腳大亂，群雄紛爭，而且倍受社會科學侵入、排擠，一度還被後現代主義鳩佔鵲巢，連生存都成了問題。【一】但嚴格地說，西方史學除了在中世紀一度成了「神學的一個卑賤的女侍」【二】外，早先從來就是大眾史學的天下。十八世紀以來，隨著民族國家陸續形成，一方面史學研究開始專業化、學術化，另一方面反映著民族國家精英階層意志的正統史學（主要體現在教科書中，亦可稱為主流史學）也開始大行其道。進至二十世紀中後期，各國國民教育程度普遍提高，信息傳播方式日新月異，公眾對國家民族及其社會政治關注度迅速提升，對歷史問題的敏感度也水漲船高，許多非歷史學者亦因不滿足於主流史學和專業學者之說而撰述發聲。因此，不少國家大體上都開始出現三個層次的歷史敘事。一是強調國家意識形態且主要著眼於愛國主義的主流敘事；二是著眼於學術標準的專業敘事；三是傳播於報刊網絡、反映著社會不同聲音的大眾敘事。此三者雖然相互影響，互有交叉，同時也各有各的目的、作用及存在的空間。如果說當下存在「史學危機」的話，至少進至二十世紀末以來，恐怕最重要的還不是什麼後現代史學，而是大眾史學敘事的興起，以及它們對主流敘事的顛覆和專業史學自身的分化。

自上個世紀末冷戰結束以來，許多國家及地區頻頻發生制度變革，這種變革所造成的政治波動與族群分裂不可避免地引發了新舊歷史觀念的更迭和對立。不少國家和地區都出現了諸如推倒雕像、改換公共建築物及道路名稱、重修教科書之類的改寫歷史的情況。即使在並未發生制度變革的歐美民主國家，也因「政治正確」觀念【三】日漸普及，再加上網絡信息的迅速發達，導致挑戰主流史學和專業史學的大眾史學有了廣大的生長作用空間。在這方面近來最為引人注目的，就是發生在美國的一場所謂「改寫歷史」的風波所造成社會心理激盪和觀念衝突的事件。此一事件所以引起筆者興趣，與事發時恰在美國查檔，因而收到各種信息較多有關，但更多地還是緣於對四分五裂的美國專業史學界處境尷尬的一種感觸。

筆者並非美國史研究專家，亦不諳現實政治研究，惟此現象極具普遍性，不僅是當今美國存在的問題，在中國及許多國家和地區也都能看到類似亂象。由於此事之發生很大程度上關乎專業史家理當思索的史觀和方法問題，凡治史者實無可迴避，故此，筆者不揣淺陋，勉力爬梳，嘗試結合史實梳理做一專題之討論，拋磚引玉，引發思考。

【一】黃進興：《後現代主義與史學研究》（北京：生活．讀書．新知三聯書店，二〇〇八年），頁二〇一。

【二】轉見〔意大利〕克羅齊著，傅任敢譯：《歷史學的理論和實際》（北京：商務印書館，一九八六年），頁一五九。

【三】當今歐美「政治正確」觀念，著重於主張保護弱勢群體，反種族主義、反性別歧視和反同性戀恐懼，惟本文這裡僅著重於其對權利平等、社會地位平等，以及對社會平等的理想訴求。

一、夏洛茨維爾事件與「改寫歷史」風波

二〇一七年八月十二日，在美國弗吉尼亞州夏洛茨維爾（Charlottesvill）市爆發了一場造成一人死亡、十九人受傷的群體性衝突。【一】緊接著，被人認為代表白人保守勢力的美國新任總統特朗普（Donald Trump）看似不偏不倚的表態，又進一步在美國引爆了一場自由派與保守派的激烈論辯。因為特朗普實際上把板子打在了夏洛茨維爾市議會身上。他批評議會關於拆除羅伯特·李（Robert Edward Lee）等南北戰爭期間反聯邦的南方邦聯代表人物雕像的決定，無論如何都是輕率且錯誤的。他強硬地提出，這個星期是李將軍，下個星期是誰？喬治·華盛頓（George Washington）？托馬斯·傑斐遜（Thomas Jefferson）？「什麼時候才算完？」你們要改變美國的歷史和文化嗎？【二】

拆除南北戰爭時期李將軍雕像的問題，為什麼會扯到美國國父喬治·華盛頓和托馬斯·傑斐遜身上來呢？這是因為，近年來幾乎所有美國人都已經瞭解到，長期被譽為創建了以人權自由平等為政治基礎的現代美國的國父們，許多人當年不僅蓄奴，而且還是種族主義者。特朗普顯然認為，對李將軍的清算不過是以清除歷史上白人種族主義文化符號為目的的自由主義新左派運動的一部分，其必然會導向否定美國國父正統形象的結果，屆時將沒有人能夠阻止這一危險的「滑坡」。

面對特朗普的表態，紐約布魯克林著名自由派媒體 *Vice* 的高級主編 Wilbert L. Cooper 隨即報之以激烈的回應。他在該網站上發出一篇文章，標題就十分聳動聽聞：《讓我們炸毀總統山》。文稱：站在拉什莫爾總統山跟前，我們不能不感到「震撼和厭惡」。從美國建國史的角度，華盛頓及傑斐遜無疑是偉大人物，但是，他們同時也不人道地奴役自己的同胞。而總統山及其他類似的紀念碑顯然「掩蓋了這些人的多面性，把他們從具有偉大和邪惡的能力的個人，變成了純粹的美國之神」。如果真的有一天人們打算破除這一神話，「我覺得我會參加支持這一努力」。【三】

很明顯，要不要「改寫歷史」已經成了接下來數月裡美國各界幾乎已經無法迴避的一個重要話題了。據不完全統計，美國全國至少有七百一十八座南方邦聯紀念碑和雕像，有一百二十餘所

【一】夏洛茨維爾事件起因於夏洛茨維爾市議會決定拆除南北戰爭期間弗吉尼亞軍團指揮官羅伯特．李將軍的雕像，白人反對者與支持拆除者發生衝突。一名白人極端分子開車撞進對方的隊伍裡，造成一名婦女死亡，十九人受傷。事件中並有一架警用直升機墜毀，兩名警察殉職。

【二】轉見〔美〕茱莉亞．格盧姆：〈喬治．華盛頓也有過奴隸？特朗普搬出第一位總統來為其關於夏洛茨維爾事件的言論辯護〉（Julia Glum, "Did George Washington Own Slaves? Trump Invokes First President to Justify Charlottesville Response"），《新聞週刊》（*Newsweek*），http://www.newsweek.com/george-washington-slaves-donald-trump-651176。

【三】Wilbert L. Cooper, "Let's Blow up Mount Rushmore", *Vice*, August 18, 2017, 5:23 AM, https://www.vice.com/en_nz/article/9kkkby/lets-get-rid-of-mount-rushmore.

公立的學校和建築，有一千五百以上的街道、村鎮等以邦聯代表人物的名字命名。儘管有教授爭辯說，人們需要清除的只是那些旨在紀念為捍衛奴隸制進行反對聯邦戰爭的人物雕像或命名，不會涉及對美國建國有正面貢獻的華盛頓、傑斐遜等開國元勳，【一】但情況看起來並非如此。

二〇一五年秋冬，普林斯頓大學黑人學生社團就已經把矛頭指向了用美國第二十八屆總統伍德羅．威爾遜（Thomas Woodrow Wilson）的名字命名的「公共和國際關係學院」等名稱，理由是威爾遜歷史上曾經是一個種族主義者。【二】二〇一六年，全球最大兒童讀物出版商，美國的 Scholastic 公司，因接獲了上百讀者投訴，批評它發行的一本描寫華盛頓總統與黑奴主廚的故事書歪曲了奴隸生活的真相，被迫決定停止了該書的發行。【三】夏洛茨維爾事件發生後，美國更到處都響起了要求改寫歷史，以還原歷史真實的呼聲。「各地大小示威遊行隨處可見」，「每天都有歷史雕像被移除」、「被破壞」。從南方邦聯領袖人物和士兵，到歷史上阻撓黑人獲得選舉權的大法官，直至意大利法西斯將領和美國到處都是的據說是最先發現北美新大陸、卻又把奴隸制帶入北美的航海家哥倫布（Cristóbal Colón），他們的所有雕像和命名，幾乎都無一倖免。【四】就連好萊塢老影片《飄》，因為完全是白人視角，寫奴隸制時代的美國南部，卻沒有反映南部黑人的悲慘遭遇，也開始受到黑人觀眾的批評，田納西州一家影院因此不得不宣佈停映了該片。【五】

很顯然，由於在美國，尤其在南部各州，觸目皆是白人的歷史文化象徵。其中被塑像、被命名的歷史人物，當年不少還是白人至上的種族主義者，今人一旦以「政治正確」的觀點加以審視，所有這些曾經用於紀念和表彰的歷史文化符號，就都成了種族主義、身份歧視和黑人恥辱的象徵，非得徹底清除不可了。

【一】“Does Trump’s Slippery Slope Argument about Confederate Statues Have Merit? NPR’s Robert Siegal Talks with Ilya Somin”, *NPR*, August 16, 2017, 4:31 PM, http://www.npr.org/2017/08/16/543973293/does-trumps-slippery-slope-argument-about-confederate-statues-have-merit.

【二】Nick Anderson, “Princeton Will Keep Woodrow Wilson’s Name on Buildings, But Also Expand Diversity Efforts”, *The Washington Post*, April 30, 2016, https://www.washingtonpost.com/news/grade-point/wp/2016/04/04/princeton-will-keep-woodrow-wilsons-name-on-buildings-but-it-will-take-steps-to-expand-diversity-and-inclusion/?utm_term=.1c666df3f1cd.

【三】Scholastic 的出版公司宣佈發行 Ramin Ganeshram 著，Vanessa Brantley-Newton 配圖的 *A Birthday Cake for George Washington* 一書，因為該書把奴隸生活描寫得充滿溫情而受到廣泛批評。轉見 Liam Stack, “Scholastic Halts Distribution of ‘A Birthday Cake for George Washington’”, *The New York Times*, January 17, 2016, https://www.nytimes.com/2016/01/18/business/media/scholastic-halts-distribution-of-a-birthday-cake-for-george-washington.html?mcubz=3.

【四】〈美國的「推倒雕像」運動在蔓延嗎？〉，搜狐網（馨聞旋律．一周集萃），二〇一七年八月十九日，http://www.sohu.com/a/165888603_653567；〈杜克大學移除被破壞的羅伯特．李將軍塑像〉，《華盛頓郵報》陽光新聞，二〇一七年八月二十日，http://doc2016h.sunnewswp.com/?c=content&a=show&id=3340；〈拆掉 Balbo 紀念碑！繼夏洛茨維爾市遊行後芝城市民今晚集聚遊行〉，（芝加哥）《神州時報》，二〇一七年八月二十一日，http://chinajournalus.net/20170824/2349；等等。

【五】Christie D’Zurilla, “‘Gone With the Wind’, deemed ‘insensitive’, has been pulled from a Memphis theater”, *Los Angeles Times*, August 28, 2017, http://www.latimes.com/entertainment/la-et-entertainment-news-updates-august-gone-with-the-wind-pulled-1503929343-htmlstory.html.

支持改寫歷史的人許多都相信，此舉不僅不會帶來特朗普聲稱的危險「滑坡」，反而會使美國人在「政治正確」的觀念下真正統一起來。他們聲稱：「奴隸制度，不僅以今天的道德標準看是邪惡，以十九世紀的道德標準看同樣是邪惡，甚至以十八世紀的道德標準看都是邪惡。」無論是南北戰爭中南方邦聯的代表人物，還是美國歷任總統，包括《獨立宣言》、《美國憲法》的簽署者，凡是當年蓄奴或擁護奴隸制者，就是選擇了邪惡，就應該受到譴責、批判，惡劣者就應該被釘上恥辱柱。比如像李將軍，已知他不僅不人道地對待過黑奴，而且還領導了顛覆聯邦的戰爭，造成了數十萬美國人死亡。如果不是林肯之前美國歷屆總統都是白人至上主義者，按照國際慣例李將軍「理應被絞死」了。時至今日，難道還要繼續聽任少數白人至上主義者通過命名、雕像等方式來美化並紀念這些奴隸主嗎？這樣做對歷史上的受害者公平嗎？它會有助於美國擺脫白人至上主義這一糾纏不清的惡夢嗎？【二】

反對「改寫歷史」者則相信，不能「用當代的價值標準來評判歷史人物」。他們不同意簡單地把歷史上的李將軍及其美國建國的先驅們與「種族主義者」和「奴隸制的擁護者」等同起來。在他們看來，多數美國國父，包括像李將軍等南部邦聯的代表人物，當年堅持種族主義的做法固然錯誤，但今天的美國也正是在他們的共同努力下創建起來的。他們既有功，也有過，不能用一頂帽子來蓋棺論定。在這些人看來，美國「最重要的傳統」，「是憲政制度中的寬容」，是長久以來像葛底斯堡公墓（Gettysburg National Cemetery）所展現的那樣，給予歷史上曾經對立的勝敗雙方將士以同等尊重和紀念的和解精神。如果因為歷史人物中相當多數當年相信過種族主義，擁護過奴隸制，今天就徹底否定他們並將他們從文化上清洗乾淨，那麼，由一半以上的種族主義者，甚至是奴隸主們擬定、通過並成為國家基本法的《獨立宣言》、《美國憲法》及其《權利法案》，是否也要推翻重來呢？是否首都華盛頓也要改名？華盛頓紀念碑、托馬斯·傑斐遜紀念堂，以及美元上的人頭像，也都要移除或換成別人呢？那樣，「美國還能有歷史嗎？」【二】

作為一個典型的移民國家和必須依賴選票與民意來運作的民主國家，特別是少數族裔人口從一九八〇年的20%左右猛增到如今的接近40%，「改寫歷史」的聲浪會日漸升高，自有其十分複雜的背景。但值得注意的是，無論在這場衝突發生前或發生後，理應具有歷史研究解釋

【一】Wilbert L. Cooper 聲稱，特朗普說移除邦聯雕像可能是一個失控的滑坡，也許他是對的，但那是一件壞事嗎？見“Let's Get rid of Mount Rushmore”, *Vice*, August 18, 2017, 5:23 AM, https://www.vice.com/en_nz/article/9kkby/lets-get-rid-of-mount-rushmore. 並見薛湧：《論李將軍雕像之倒掉》，騰訊大家，二〇一七年八月二十一日，http://dajia.qq.com/original/meiguo/xy20170821.html。

【二】參見 Walter E. Williams, “The Left Is Trying to Rewrite American History. We Must Stop Them”, *The Daily Signal*, June 14, 2017, http://dailysignal.com/2017/06/14/left-trying-rewrite-american-history-must-stop; 龔小夏：《南北戰爭歷史要重寫？》、《夏洛斯維爾的相撞》，引自 art30000 的博客，http://blog.sina.com.cn/s/blog_71e1f5590102zfp5.html，二〇一七年八月十七日。

功能的美國專業史學界，卻很少作為。像高舉人權平等旗幟的國父們當年多數都是奴隸主這一史實，上個世紀六七十年代一些美國史研究者就已經瞭解，且公開揭露過傑斐遜言行不一的情況，【一】但由於主流意志和正統思想的作用，只有很少的歷史教科書會利用到他們的發現。【二】詹姆斯·洛溫（James W. Loewen）考察了從上個世紀七八十年代到二十一世紀頭十年美國中學用得較多的十幾種歷史教科書。他注意到，美國的歷史學者多數對此一發現頗感困惑，要麼對發現的史實遮遮掩掩，要麼輕描淡寫一語帶過，要麼公開表示難以理解。直到二〇〇四年，當伊利諾斯州的一位歷史教師告訴自己六年級的學生們說，林肯（Abraham Lincoln）之前的大部分總統都是奴隸主時，學生們還十分憤怒，認為老師「說謊」。因為他們的「教科書中有大量關於華盛頓、傑斐遜、麥迪遜（James Madison）、傑克遜（Andrew Jackson）及其他早期總統的介紹，卻從未提到他們曾經擁有奴隸」【三】。

美國多數專業史家在這一問題上會有所忌諱，【四】除了上百年來舉國一致的歷史說辭和主流敘事的壓力【五】以外，一定程度上也與這一現象不易解釋、更難評說有關。洛溫是力主要將國父們言行矛盾、虛偽的歷史表現公之於眾的，而他的出發點也只是基於今人的道德標準和社會正義的責任感，主張歷史學家必須要讓國人瞭解歷史真相。但是，他的書從一九九五年初版到二〇〇七年修訂再版，都沒有對國父們當年為什麼言行不一，為什麼長期堅持種族主義觀念，包括領導了解放黑奴戰爭的林肯總統，和公開倡導民族自決的威爾遜總統，為什麼也都「有種族主義傾向」等問題，給出有說服力的解釋。【六】同樣的情況，時至今日，即使那些激烈批評傑斐遜言行不一的專業史家，多半也還會為傑斐遜是否「虛偽」而倍感糾結。【七】

由上述可知，美國的專業史家雖然早就一步步揭示了開國元勳們多數是奴隸主，亦或具有種族主義傾向的歷史事實，但他們對國父們何以一面主張人權平等，一面繼續奴役或歧視非白

【一】如 Robert McColley, *Slavery and Jeffersonian Virginia*, Chicago: The University of Chicago Press, 1964; Winthrop D. Jordan, *White over Black: American Attitudes toward the Negro, 1550-1812*, Chapel Hill: University of North Carolina Press, 1968; David B. Davis, *Was Thomas Jefferson an Authentic Enemy of Slavery?*, Oxford: Clarendon Press, 1970; Edmund Morgan, *American Slavery, American Freedom: The Ordeal of Colonial Virginia*, New York: W. W. Norton & Company, 1975.

【二】參見 Social Science Staff of the Educational Research Council of America, *The American Adventure*, Boston: Allyn & Bacon, 1975; Carol Berkin & Leonard Wood, *Land of Promise*, Glenview: Scott Foresman, 1983；等等。

【三】〔美〕詹姆斯．洛溫著，馬萬利譯：《老師的謊言：美國歷史教科書中的錯誤》（北京：中央編譯出版社，二〇〇九年），頁一五四—一六二。

【四】有不少文章談到美國史學界不願意把這方面的問題，更不必說把美國開國元勳的蓄奴問題，拿出來公開討論的情況。見 John David Smith (ed.), *Slavery, Race and American History: Historical Conflict, Trends and Method, 1866-1953*, London: Routledge, 2015, p. 10.

【五】有關歷史教科書在美國倍受「正統」干預的情況，可見〔美〕李德：〈歷史學家的社會責任〉，一九四九年十二月二十九日，載《美國歷史協會主席演說集（1949-1960）》（北京：商務印書館，一九六三年），頁十二。

【六】〔美〕詹姆斯．洛溫：《老師的謊言：美國歷史教科書中的錯誤》，頁一七七。

【七】Henry Wiencek, *Master of the Mountain: Thomas Jefferson and His Slaves*, New York: FSG, 2014.

人族群的情況始終拿不出一致的，特別是有說服力的解釋來。以至於他們雖然不希望，卻也未能料到這樣的事實揭露最終會導致今天這樣一種後果。

二、以什麼來劃分開國元勳們的歷史功過？

八月二十八日，作為美國專業史學最具權威性的代表團體，美國歷史學會不得不就夏洛茨維爾事件及其「改寫歷史」風波發表了一個公開聲明。令人遺憾的是，它在聲明中除了提醒各方在移除或改名某個紀念碑、雕像和重新界定公共空間時，應考慮到它們可能具有的文物性質，表示學會願意為此給各方「提供諮詢」外，再沒給出任何專業性的意見。恰恰相反，它一方面表態贊同清除一切「南部邦聯的」及其那些「在其他方面沒有重大成就的」邦聯領袖人物的文化符號，另一方面則反對把運動擴大到「美國的建國者、前總統或其他重要人物」身上去。而聲明給出的理由僅僅是，前者所以必要，是因為南部邦聯及其領袖們當年「力圖以奴隸制的名義分裂這個國家」；後者所以不應該，是因為當年這些開國元勳固然擁有奴隸或具有種族主義傾向，但比較他們為創建美國所做的「貢獻」，那些都只是他們還「不完美」的「缺點」而已。【二】

不難想像，這樣一種表態對於站在對立立場兩端的美國人來說，恐怕都很難接受。不用說那些南方將士的遺族了，就是信奉人權平等自由和對種族主義壓迫深惡痛絕的人們，也絕難認為國父們殺害、征服、奴役有色人種的行為，僅僅是「不完美」的和應該被原諒的「缺點」。更何況，美國歷史學會的這個聲明，等於公開宣告，評價歷史人物的歷史功過，人權不是主要考量標準，是否有利於國家，才是問題的關鍵。凡有利於國家者，人權記錄不佳，並不特別重要；凡有不利於國家之作為者，哪怕人權記錄好，也不能認為有功。

需要注意的是，第一，這種看法和歷史上美國開國即確立的立國之基，亦即一七七六年北美十三個殖民地發佈的宣言所宣告的原則，顯然是有矛盾的。宣言明確提出，沒有任何一種力量，不論是政府，還是國家，有權利傷害它的人民。凡有政府企圖剝奪人民的權利，人民就有義務推翻這個政府。正因為此，他們才決心為「人人生而平等」這一「不可剝奪的權利」而脫離專制的英國；亦決心「為了保障這些權利」和「獲得人民的安全與幸福」而另立政府，另組國家。【二】一八六三年，正式發佈了《解放奴隸宣言》、規定所有叛亂州內被役為奴者均將「永獲自由」的林肯總統，在葛底斯堡的演講中也特別強調說明，要使人人得到平等自由，是美國建國的基本理念。我們今天所以要進行這場戰爭，就是要實現我們先輩的這一理念，實現人權

【一】"AHA Statement on Confederate Monuments", August, 2017, https://www.historians.org/news-and-advocacy/statements-and-resolutions-of-support-and-protest/aha-statement-on-confederate-monuments.

【二】"The Declaration of Independence, July 4, 1776", in *The Constitution of the United States and The Declaration of Independence*, Washington, United States Congress Joint Committee on Printing 2009, p. 35.

平等。這是八十七年前我們的先輩創建這個國家時的目的所在，即堅持自由的理想，「以求實現人人生而平等的信念」。【一】如果美國歷史學會選擇把美國的國家利益放到第一位，而將美國的人權問題放到第二位或者更後的排位，這是否意味著他們其實並不認同美國國父們當初立國的初衷呢？

第二，這種看法也和在美國當今社會上佔據主流的「政治正確」的觀點主張，亦即此次風波中居於上風的自由派群體要求「改寫歷史」的思想依據，不相一致。以 Wilbert L. Cooper 的言論為例，他所以會對國父們大不敬，不是因為他否認國父們有功於美國的建國，而是他基於「政治正確」的理念，接受不了國父們「奴役同胞」、「貶低有色人種」。他深感「震撼和厭惡」的是，國父們以「人人生而平等」為由抗議英國專制暴政，必欲另立國家，同時卻又用與英國專制暴政不相上下的非人道的辦法，來壓迫、奴役和剝奪黑人等有色人種的自由權。這就是他所以會一方面肯定國父們在建國史上起過「偉大」作用，一方面鑒於他們對同胞所作所為的「邪惡」性，必欲要把他們請下神壇的原因所在。【二】而美國各地爆發的那些要求摧毀雕像，改變學校、街道及建築物名稱等行動，發動者的理由也都是宣稱這些雕像、命名實際上是在紀念，甚至是在表彰歷史上歧視甚或壓迫有色人種的白人種族主義者，因而與美立國的基本原則及其當今的社會道德嚴重不合。

在美國專業史家中間，有不少人也比較強調人權的評判標準。他們一方面認為不能把堅持奴隸制的南方領袖人物與對美國建國功勳卓著的國父們相提並論；一方面主張即使對國父們也應該要講人權標準。即應該比較他們歷史上對奴隸及奴隸制態度上的差別，以決定哪些人應該繼續尊為國父或受到稱頌，哪些人在肯定其對國家的功勞時必須加以批評，哪些人則完全沒有資格也絕不應該在公眾中得到正面的評價與紀念。

比如，相當多的學者在談到作為美國最重要的開國元勳，同時也是大奴隸主的華盛頓和傑斐遜時，就都肯定他們在美國開國時期所做的貢獻巨大且不可替代，並且都強調兩人在理智上是批評奴隸制的。但是，他們也都同意，兩人相比，華盛頓比傑斐遜在道德上要更高尚，因為華盛頓對奴隸制不僅有批評的言論，而且有實際的行動。一個最主要的表現，就是他在去世時立下遺囑，要求他名下的奴隸在其妻子去世後都應獲得自由。【三】而傑斐遜最遭詬病的，就是他

【一】Abraham Lincoln, "The Gettysburg Address, November 19, 1863", in *The Declaration of Independence and Other Great Documents of American History 1775-1865*, New York: Dover Publications, 2000, p. 93.

【二】"Let's Get rid of Mount Rushmore", *Vice*, August 18, 2017, 5:23 AM, https://www.vice.com/en_nz/article/9kkby/lets-get-rid-of-mount-rushmore.

【三】華盛頓死前留下遺囑，在其妻死後給予自己名下的奴隸以自由。而其妻瑪薩在丈夫死後十二個月內就解放了這些奴隸，但瑪薩並沒有解放自己名下的奴隸。她死後，她名下的奴隸基本上去了她前夫那裡。"George Washington and slavery", https://en.wikipedia.org/wiki/George_Washington_and_slavery.

批評奴隸制的話講得比華盛頓多得多，也深刻得多，然而他從未嘗試過解放他的奴隸。生前他名下的奴隸數量不僅越來越多，【一】而且他臨死前所立遺囑也僅僅同意釋放幾百名奴隸中的區區四五名奴隸而已。就連他的情人，為他育有孩子的黑人女僕薩麗·赫明斯（Sally Hemings），他也沒有還她以自由。正因為如此，幾十年來，在美國史學界，「傑斐遜在學術上所受到的攻擊，遠比其他開國元勳更為嚴重。」不少學者都同意：「很難把傑斐遜看成是偉大的人」，儘管他是《獨立宣言》的起草人。大家甚至懷疑，傑斐遜是否真的相信他自己所提出的「人人生而平等」的政治原則。出現這種情況很大程度上就是因為，「儘管其他開國元勳，像華盛頓和麥迪遜也都擁有奴隸，但傑斐遜特別令人失望。」【二】

不過，歷史人物留下來的所謂人權記錄有可能被具體量化來衡量他們的道德優劣嗎？專業史家對歷史研究的一個最基本的共識就是，無論如何努力，史家對歷史史實的還原都只能是部分的，即不完整的。尤其是涉及到歷史人物的動機和歷史事件發生的原因的時候，就更是如此。【三】實際上，數十年來，無論是圍繞著華盛頓對奴隸制態度的研究，還是圍繞著傑斐遜對奴隸制態度的研究，包括圍繞著兩人對奴隸的態度問題和兩人種族主義的程度問題，在美國史家中間從來都是存在爭議的。至於動機問題，就更是意見分歧了。

美國史家史蒂芬·E·安布洛斯（Stephen E. Ambrose）就指出，華盛頓在這方面的特殊性，主要就表現在他是美國早期九個奴隸主總統裡面第一個，也是唯一個死後解放了他名下奴隸的總統。【四】但是，為什麼其後八位總統都做不到，反而是首任總統華盛頓做到了呢？對此迄今也沒有人能解釋清楚，因此也就無法判斷，到底是華盛頓比其他總統更多人道情感或人權觀念，還是其他總統都像傑斐遜一樣言行不一，思想境界比華盛頓差得太多？至少，以今人研究華盛頓思想生平所達到的程度，無論如何也得不出此種結論來。何況，就像不少美國史家都遺憾且不解的，如果華盛頓真心同情奴隸的遭遇，他為什麼不在他活著的時候解放他的奴隸呢？尤其說

【一】一七五七年傑斐遜從父親那裡繼承的奴隸數是二十人，結婚時妻子帶來一百三十二人，一七七四年其名下擁有奴隸數已增至四十二人，隨後他還從岳父那裡分得一百三十五人。一八八二年他名下的奴隸數量已達到二百六十七人。轉見陳志傑：〈托馬斯・傑斐遜：美國悖論的化身〉，《天津師範大學學報（社會科學版）》，二〇一五年第五期，頁七—十。

【二】參見 Russ Castronovo, *Fathering the Nation: American Genealogies of Slavery and Freedom*, Oakland: University of California Press, 1995, p. 31; Wesley Pruden, "Ethnic Cleansing of Dead White Men", *The Washington Times*, November 18, 1997; Sean Wilentz, "Life, Liberty, and the Pursuit of Thomas Jefferson: How a Slaveholder and Ideologue was Also a Great Democrat", *New Republic*, March 10, 1997, https://newrepublic.com/article/63323/life-liberty-and-the-pursuit-thomas-jefferson; Stephen E. Ambrose, *To America: Personal Reflections of an Historian*, New York: Simon & Schuster, 2002, p. 2; Lily Rothman, "What We're Still Getting Wrong About Thomas Jefferson", *Time*, April 13, 2016, 2:00 PM, http://time.com/4286660/thomas-jefferson-book-annette-gordon-reed.

【三】〔英〕愛德華・霍列特・卡爾著，吳柱存譯：《什麼是歷史？——1961 年 1 月至 3 月在劍橋大學喬治・麥考利・特里維廉講座中的講演》（北京：商務印書館，一九八一年），頁十五—十六。

【四】Stephen E. Ambrose, *To America: Personal Reflections of An Historian*, New York: Simon & Schuster, 2002, p. 11.

不通的是，如果華盛頓真的是人權觀念較其他總統更強、對奴隸更人性的話，為什麼在總統任上他竟會拒絕執行總統府所在地賓夕法尼亞州實行的漸次廢除奴隸制法案，堅持要在總統府役使奴隸？不僅如此，華盛頓在總統任期上還對抗性地簽署了《逃奴法》，從國家立法的角度進一步確立了奴隸是奴隸主的私有財產的法律規定。他本人更是據此公開懸賞追緝過自己名下的逃奴。至於華盛頓死前釋奴問題，大多數研究者也都很清楚，華盛頓所以到臨死前才立遺囑解放他名下的奴隸，也與他和妻子沒有子嗣的情況有關。【一】注意到其妻子死後堅持把她名下的奴隸交歸其前夫，也可以看出，華盛頓和妻子在廢奴問題上態度並不一致。在無子嗣繼承，而妻子要把奴隸交歸前夫的情況下，華盛頓立遺囑把他名下的奴隸全部解放，恐怕也是一種不得已。而這反過來也容易讓人懷疑，如果華盛頓有子嗣需要繼承這些奴隸，或妻子死後不會把奴隸交給其前夫，他是否還會解放他名下的奴隸，而不是像其他總統那樣將奴隸作為財產留給後代呢？

如此比較起來，傑斐遜似乎就沒有那麼「虛偽」了。畢竟，多數研究者都注意到，傑斐遜有五個女兒和沉重的債務負擔，其死後不是解放奴隸，而是賣掉奴隸，和他需要償還債務等情況有關。另外，如果注意到傑斐遜一七八三年喪妻後一直堅持獨身，他與女僕莎麗·赫明斯之間長期同居並生子，死前立遺囑解放了與他有血緣關係的年輕奴隸，但出於名份及繼承問題考慮，他因堅持不再娶而沒有承認自己與赫明斯的關係，最終沒有解放赫明斯，情理上也並非完全解釋不通。何況，他雖然沒有主動解放過自己名下的大批奴隸，【二】但他也沒有推動或批准過強化奴隸制的法令。不僅如此，他在相當一段時間裡不止一次地嘗試過推動立法來解放奴隸。如一七七六年他曾向弗吉尼亞革命大會提交了一份《憲法草案》，其中明確規定：禁止實行奴隸制。一七八三年，他再度敦促弗吉尼亞州立法機構實施這一條款。作為邦聯國會委員會主席的他，還曾為西北地區起草過相關法令。他並提出過計劃，想要在一八〇〇年以後，在這一地區禁止奴隸制的存在和非自願的奴役行為。【三】他的這些努力雖然未能實現，但能否簡單地認為他在廢除奴隸制問題上就一定不如華盛頓和其他奴隸主總統真誠呢？

同樣的情況，即使是後來站到南部邦聯一邊去的羅伯特·李，有關他個人對奴隸問題的所謂人權記錄至今也是眾說紛紜。沒有人能夠否認他同樣也是奴隸制的批評者，但人們也同樣可以找到他極端歧視黑人的言論；有研究者認為他早就解放過奴隸，有研究者則認為他不僅一直

【一】也有學者相信這是華盛頓去世前「道德頓悟」（moral epiphany）的結果。見 Henry Wiencek, *An Imperfect God: George Washington, His Slaves, and the Creation of America*, New York: FSG, 2003, p. 275.

【二】據查，傑斐遜生前也解放過三個奴隸，臨終時則立遺囑解放了五個奴隸。Merrill D. Peterson, *The Jefferson and the New Nation: A Biography*, London: Oxford University Press, 1986, p. 1007.

【三】陳志傑：〈托馬斯·傑斐遜：美國悖論的化身〉，載《天津師範大學學報（社會科學版）》二〇一五年第五期，頁七一—十。並見 Thomas Jefferson, *Jefferson's Thoughts on the Negro*, Part I, https://archive.org/stream/jstor-2713794/2713794_djvu.txt.

是奴隸主，而且對奴隸的態度還相當嚴厲。【一】當然，更多的研究者會從李不該為堅持奴隸制的南部邦聯而與聯邦作戰這一點上來否定李。在他們看來，在美國歷史上是否能稱之為英雄，關鍵不在其人權記錄如何，而在他對國家的貢獻如何。如安布洛斯就直截了當地講，傑斐遜即使在人權記錄是不能被視為一位英雄，然而對於美國建國，他在思想言論上的貢獻，在當年無人可以取代。如果說，「華盛頓用他的行動，向我們展示了什麼是可能。林肯把他的勇氣變成了現實」，那麼，傑斐遜就是「用他的言論，給了我們以理想」【二】。問題是，假如我們不是從後來者的理念來看歷史，而是著眼於特定時空下的歷史事實的話，能否很斷然地說傑斐遜就是一個堅定的聯邦主義者呢？如果傑斐遜任弗吉尼亞州州長的時候，與北方發生了一八六〇年代那樣的爭執，他是否也會做出與李將軍一樣的選擇呢？這恐怕還是個疑問。

眾所周知，《獨立宣言》並不是美國作為一個統一的聯邦國家「獨立」的宣言。在一七七六年傑斐遜筆下，它只是十三塊殖民地宣告它們自有獨立權的一個宣言。【三】一七八一年《邦聯條例》通過後，美國作為一個國家才初步成形，各殖民地仍舊基本上是獨立的。一七八七年再召開制憲會議並通過《美國憲法》，繼而推舉華盛頓為總統，今天的聯邦美國才正式建立起來。而在此一過程中，包括之後相當一段時間，弗吉尼亞州始終都還是在堅持邦聯主義原則，不是聯邦國家的堅定擁護者。傑斐遜開始尤其反感新憲法，因為他懷疑這個新國家有過度集權、使各州人民喪失其獨立性的危險。即使在他最終接受了新憲法之後，他也仍舊是強化人民權利的

鼓吹者，和在事實上大力維護弗吉尼亞州的相對獨立性的一位政治家。【四】

如果上述史實不錯的話，那麼愛爾蘭政治家、作家兼史家的康納·克魯斯（Conor Cruise O'Brien）的看法就可能更客觀一些。他寫道：從一般意義上講，傑斐遜無疑是一個優秀的美國人，他甚至認為美國和美國人在道德和社會上比歐洲和歐洲人優越得多。但從政治角度講，他卻不是美國民族主義者。他不是「美國第一」，他是「弗吉尼亞第一」。他堅持說「弗吉尼亞

【一】參見 John J. Garnett, *Biographical Sketch of General Robert Edward Lee*, New York: S.N., 1890, p. 10; Douglas Southall Freeman, *R. E. Lee: A Biography*, New York: The Brick Church Chapel, 1934, p. 390; by Captain Robert E. Lee (His Son), *Recollections and Letters of General Robert E. Lee*, New York: Doubleday, 1904, pp. 305-307; Charles Bracelen Flood, *Lee: The Last Years*, New York: Houghton Mifflin Harcourt, 1998, Chapter VII, note 50.

【二】Stephen E. Ambrose, *To America: Personal Reflections of An Historian*, New York: Simon & Schuster, 2002, pp. 6, 13.

【三】卡爾·貝克爾指出：「我們所謂的《獨立宣言》並不是大陸會議表決通過與大不列顛分離的正式文件。」可稱之為「獨立決議案」的這份文件實際上是七月二日通過的，並且是以 Richard Henry Lee 代表弗吉尼亞代表團向大陸會議提交的一份文件為基礎的。這份後來被說成是七月四日通過的文件，兩週後以《美利堅合眾國十三州一致宣言》名義最後通過，從而正式向世界陳述了殖民地被迫脫離英國之理由。〔美〕卡爾·貝克爾著，彭剛譯：《論〈獨立宣言〉：政治思想史研究》（北京：商務印書館，二〇一七年），頁一一二。

【四】參見李劍鳴：《大轉折的年代：美國進步主義運動研究》（天津：天津教育出版社，一九九二年），頁二三六——二三七；劉祚昌：〈傑斐遜與美國憲法〉，載《山東師大學報（社會科學版）》，一九八八年第一期，頁一——九；宋雲偉：〈美國內戰前關於主權問題的論爭〉，載《武漢大學學報（人文科學版）》第六十一卷第六期，二〇〇年第十一月，頁七三七——七四〇。

是我的祖國」，甚至當他代表美國駐外時也是如此。美國不是一個他訴諸感情的對象，弗吉尼亞是。《獨立宣言》對他來說是一份神聖的文件，是自由的公民宗教的一部分。《美國憲法》不是，那只是一份政治文件，是可以接受的，並沒有更多的意義。聯邦機構，包括總統，在他都只是平凡的事情，不具有公民宗教的精神光環。弗吉尼亞仍然是他認為的自由的聖地。因此，他甚至在他自擬的墓誌銘裡也沒有提到他曾兩度擔任美國總統的事，他只提到了他是《獨立宣言》的作者，並創立了弗吉尼亞大學的基金會。「理論上來說，傑斐遜是一個守護神，但相對於美國現代自由主義者來說，他更適合於被看作是白人至上主義者。」【二】

三、「政治正確」與民間史學的作用

由上或可看出，美國這一波所謂「改寫歷史」風潮，除了少數別有目的者【三】外，就大眾層面形式上至少有兩種訴求：其一，是指向白人種族主義的，它必欲清除美國各地，尤其是南方廣泛存在的紀念甚至頌揚那些曾經為保護奴隸制而反抗聯邦政府的歷史人物的各種歷史文化符號，以剝奪當今白人至上主義者的優越感和話語權。其二，是要把被主流史學，也包括被部分專業史家在教科書、歷史讀物、公共建築，以及文學作品、電影戲劇中長期掩蓋了的美國白人歧視、奴役黑人的虛假歷史，徹底清除，甚至不惜把曾經是奴隸主的美國開國元勳們的紀念物也一併摧毀掉，以便根本改寫美國二百年來基於白人中心主義的歷史文化書寫。

這樣一種情況，當然不可能是突然發生的。但是，如果說二〇〇四年前後美國中小學生大都還不瞭解開國時期的美國總統多半是奴隸主的情況，何以只過了十二三年時間，整個公眾輿論就一下子翻轉過來了呢？據報，新近的調查甚至顯示，當今不少「高中生對於傑斐遜與女奴不能證實的關係的瞭解，比他對美國獨立和建國的貢獻的知識還多」【三】。換言之，只不過經過了十年左右的時間，美國主流史學的權威性就基本上崩塌了。而這十幾年時間裡，又發生了怎樣的歷史變故，會造成如此急劇的轉變呢？

造成這種崩塌的一個重要原因，當然與專業史學長期以來的研究努力是有密切關係的。因為多少瞭解一點美國奴隸制研究的成果，就不難知道，還在差不多一百年前，美國的專業史家

【一】Conor Cruise O'Brien, "Thomas Jefferson: Radical and Racist", October, 1996, *The Atlantic*, https://www.theatlantic.com/magazine/archive/1996/10/thomas-jefferson-radical-and-racist/376685/.

【二】二〇一五年瑞秋·道扎爾（Rachel Dolezal）因冒充黑人血統被揭發不得不辭去美國全國有色人種民權促進協進會華盛頓州斯波坎分會會長一事，以及二〇一七年九月美國空軍學院出現污辱黑人的種族歧視塗鴉後查出係某黑人學員偽造栽贓一事，都顯示美國的民權運動中也難免會有動機各異的渾水摸魚者。

【三】龔小夏：〈南北戰爭歷史要重寫？〉、〈夏洛斯維爾的相撞〉，引自 art30000 的博客，http://blog.sina.com.cn/s/blog_71e1f5590102zfp5.html，二〇一七年八月十七日。

們就已經開始著手在做這方面的發掘和研究了。尤其是自上個世紀六七十年代以後，他們就不斷地推出極具批判性的研究成果了。也就是說，詹姆斯．洛溫一九九〇年代中後期之所以能夠發現美國中小學歷史教科書中存在種種不實甚至是虛假的言說，其實就是藉助了大量專業史家這方面的研究成果。只不過，從事專題性研究的專業史家們從事的是學術研究，他們無意將他們的發現拿到媒體上去炒作，而且幾十年前他們多數也不希望把這些複雜的、注定會損害到美國國父們形象的歷史問題，交由意見分歧的美國普通民眾去爭論。他們自然沒有預料到，隨著新千年，特別是網絡時代的全面到來，一切的一切都大不相同了。

以華盛頓總統蓄奴一事為例，在專業史家那裡，這件事可以說早就不是什麼秘密了。包括對官方機構和公眾社會來說，華盛頓夫婦在其弗農山莊（Mount Vernon）役使奴隸，也理應不算什麼新聞。還在一九六二年，山莊的奴隸屋就已重建並對外開放參觀，【二】多少年來參觀者總是絡繹不絕，鮮有報紙去炒作。而學界涉及華盛頓蓄奴的研究成果，一直以來發表出版都不少，也未見記者跟蹤報道。不難看出，距今半個世紀前，無論是專業史家，還是普羅大眾，大家對這種問題的政治敏感度還都相對較低。這裡面既有信息傳播渠道不如今天暢通的原因，更有當下這種「政治正確」的觀念尚未真正形成，國民大多還缺乏此意識的問題。而最為關鍵的一點恐怕還是當時的現實使然，即弗農山莊奴隸屋開放的時候，美國黑人的人權狀況還十分惡劣，南方黑人還在為爭取廢除種族隔離制度和爭取選舉權而鬥爭。當黑人連基本人權都還缺乏保障，爭取政治上平等權利還是最主要目標的時候，一百多年前華盛頓，亦或傑斐遜，他們是否蓄過奴，或有沒有過種族歧視的言論，包括南方白人為南北戰爭期間邦聯領導人塑像立碑，命名街道、學校等等，顯然都很難引起當時社會輿論和普羅大眾的關注，更不必說反感了。

在美國，當下的「政治正確」觀念，亦即以人權平等，特別是著重於種族、性別與弱勢群體平權的政治觀念及其社會意識，是隨著一九六〇年代前後黑人平權運動、女權運動等一系列民權運動先後興起，才隨之逐漸生長並漸進式地開始對大眾發生影響的。

美國民權運動的聲勢，是在上個世紀五六十年代開始日漸浩大的。自一九六〇年初開始，美國共和、民主兩黨控制的國會及其政府已經不能不做出一系列政策性的改變了。一九六一年初，肯尼迪總統公開發佈了反對歧視的行政令；一九六四年，美國國會通過了《公民權利法》；一九六五年，國會進一步通過了《民權法案》；同年，約翰遜總統頒佈政策，開始力推少數民族和女性弱勢群體在就業、升學、晉升、信貸等各方面必須優先的「肯定性行動」。這一系列法律和政策上的改變，直接導致了黑人及女性選民的大量增多，以及黑人及女性當選官員人數的迅速增長。

【一】〈認識喬治．華盛頓總統的奴隸們〉，美國之音，二〇一〇年十二月九日，https://www.voachinese.com/a/article-20101209-slaves-george-washington-111621629/774263.html.

以黑人為例，一九六二年，美國全國還只有 62 名黑人當選為地方官員。十年之後，即一九七三年，已經有 2621 名黑人成為民選官員，其中在洛杉磯、底特律、印第安納州的加里、亞特蘭大、紐瓦克，包括首都華盛頓，共有 82 名黑人當選為市長，43 名黑人當選為副市長。包括在南方各州，也有 198 名黑人當選為執法官員。另外，這一年黑人當選的眾議員的人數也達到 15 名，另有一名黑人當選為參議員。美國國會並成立有黑人核心小組，通過聽證會的方式，來聽取和研究解決全國較突出的黑人權利問題。【一】又過十年，到一九八四年時，已經有 5654 名黑人成為民選官員，其中 3259 名黑人為市縣級官員，636 名黑人為執法官員，1363 名黑人為各級教育官員，同時有 396 名黑人成為了國會議員或州議員。這一情況也清楚地說明了黑人選民人數和受教育人數都在相應地大量增加中，並且在美國部分城市和地區，其選民已經佔到了適齡選民的 50% 以上。這也正是為什麼，一九八三年接連有兩位黑人通過競選贏得了美國第三、第四大城市芝加哥和費城市市長的職位。連同此前已成為美國第二大城市洛杉磯市市長的黑人，美國四個最大城市的市長，三個都是黑人市長了。受此鼓舞，並得到大多數黑人領袖支持，牧師傑西·傑克遜（Jesse Jackson）此後還連續兩度參加了競選民主黨總統候選人提名。儘管傑克遜最後沒有如願，但是，黑人選民的影響力和黑人政治家的能力，均已得到了充分的證明。【二】

黑人政治地位的提升，不可避免地推動了「政治正確」觀念的形成展和普及。不僅影視中、輿論中的黑人形象開始變得越來越正面，各級政府及其學校、企業對黑人族群也紛紛通過各種方式給予同情和關照。更有甚者，進入九十年代後，許多美國人已開始感到不習慣了。因為他們發現自己的言行受到某種限制，他們「必須害怕自己說什麼、寫什麼和想什麼，他們必須擔心使用了某個被公開指責為令人反感的、遲鈍的或是種族主義的、性別歧視的和染有同性戀恐懼症的錯誤的詞彙」【三】。

二〇〇〇年，美國保守主義專欄作家威廉姆斯·S·林德（Williams S. Lind）明顯地忍無可忍了。他公開撰文抨擊「政治正確」是一種「意識形態疾病」，並斷言美國「正在經歷它歷史上最大和最可怕的陣痛」。【四】兩三年後，著名政治學者塞繆爾·P·亨廷頓（Samuel P. Huntington）也吃驚地注意到，「政治正確」的觀念已極大地左右了美國政界、商界、新聞界和教育界的白人精英人士，特別是那些自由派知識分子的思想。越是那些受過良好教育的人士，

【一】〔美〕喬安妮·格蘭特著，郭瀛等譯：《美國黑人鬥爭史》（北京：中國社會科學出版社，一九八七年），頁五六九—五七一。

【二】轉見李道揆：《美國政府和美國政治（下）》（北京：商務印書館，一九九九年），頁七二二—七三一。

【三】Bill Lind, "The Origins of Political Correctness", Accuracy in Academia, February 5, 2000, https://www.academia.org/the-origins-of-political-correctness.

【四】Bill Lind, "The Origins of Political Correctness", Accuracy in Academia, February 5, 2000, https://www.academia.org/the-origins-of-political-correctness.

如上過研究生院的，以及在大學文科得過學位的人，受其影響越大。亨廷頓對大批精英人士要求在教育、招生、就業，乃至於議員選舉方面給黑人以照顧十分不解。他批評說，這樣做等於告訴世人：「白人和黑人是不同的，種族屬性真正起作用。這種種族區分意味著對個人起決定作用的是血統，而不是性格、階級、宗教信仰、年齡或教育。」這無異於從一個極端走向另一個極端，「拋棄了」一種種族歧視，卻又支持了另一種種族歧視。【一】

但是，抱怨歸抱怨，這種新的觀念意識卻潛移默化地改變著美國公眾的認知。隨著二十一世紀網絡時代的全面到來，二百多年來始終被尊為「國父」的諸多開國元勳的形象，很快便由被人崇敬的高位上跌落下來了。在這方面，二〇〇七年前費城國家公園管理處被迫公開總統府遺址華盛頓蓄奴證據一事，就再典型不過地反映出這一觀念衝擊的不可抗拒性。

最初發現美國國父、首任總統華盛頓總統府舊址藏有蓄奴小屋的，是在費城美國獨立紀念館協會做建築史研究工作的愛德華．勞勒（Edward Lawler, Jr.）。他在二〇〇二年一月首度發表了一篇考據文章，詳細介紹了他長期研究舊總統府建築之所得，其中談到他發現總統府有一個奴隸小屋，總統夫婦當時曾在這個不承認奴隸制的州，秘密役使黑奴為其服務。【二】

三月十三日，注意到此一信息的史學家加里．納什（Gary B. Nash）接受了賓夕法尼亞調頻廣播電臺記者的採訪，他特別向聽眾強調了勞勒這一發現的意義。賓西法尼亞是一個黑人選民具有很大影響力的州，其州長和州議會議長都是黑人。這一消息讓州政府及議會都很震驚。

州眾議院很快於二十六日召開第四百九十次會議，通過了一項決議，要求負責前總統府舊址管理工作的國家公園管理處，在奴隸住處遺址上樹立顯著的永久性標誌。

在費城土生土長的黑人年輕律師邁克爾·考德（Michael Coard），從小到大的歷史課裡就沒有告訴過他美國開國總統多是奴隸主，而他尤其料想不到的是，他最為熟悉的美國開國元勳華盛頓竟然也是奴隸主，而且在擔任世界上首位宣告人權平等的國家元首時，竟會在這個廢奴州中堅持秘密役使奴隸。得知這一消息後，他倍受刺激，認為自己被政府欺騙了，而且他強烈懷疑作為聯邦政府機構的國家公園管理處不會輕易改寫歷史，必須要有人出來訴諸於行動。他很快找到勞勤，兩人從此開始了長達幾年的請願活動。勞勤主要負責與國家公園管理處做文字上的交涉和溝通，考德則負責社會活動，將整個事件公開化。

七月三日，考德第一次組織街頭請願活動，當時即召集有數百人參加。他們還充分利用了網絡，在網上發起了請願活動，最初雖效果欠佳，一年間也還是徵集到了上千人的簽名。兩年後，勞勤通過進一步研究，確認了當年在總統府被華盛頓總統夫婦役使的黑奴名單，並於次年

【一】〔美〕塞繆爾·亨廷頓著，程克雄譯：《我們是誰？——美國國家特性面臨的挑戰》（北京：新華出版社，二〇〇五年），頁一二六—一三一。

【二】Edward Lawler, Jr., "The President's House in Philadelphia: The Rediscovery of a Lost Landmark", *The Pennsylvania Magazine of History & Biography*, vol. 126, number 1, January, 2002, pp. 5-95.

發表了經過補充的論文。他們發動的給政府寫信的運動，二〇〇五年已經成功地動員到了一萬五千封要求政府必須公開並紀念被華盛頓夫婦役使的九名黑奴的信件。這之後，由於受到從街頭到網絡等各種形式的請願活動和抗議活動越來越大的壓力，國家公園管理處不得不同意舉行公眾論壇，表示願意聽取民眾的意見。其後兩度論壇，都有數百當地居民，甚至有其他州的人趕來參加或旁聽。

此事一直遷延到二〇〇七年，管理處終於不得不同意對總統府舊址進行考古性發掘，以證實勞勒關於華盛頓夫婦有秘密役使奴隸的研究推測。而此一發掘，成功地挖出了當年奴隸們秘密進出總統府的地下通道等物證，徹底坐實了勞勒的研究。隨著蜂湧而至的各大媒體迅速跟進報道，華盛頓任總統期間秘密役使黑奴一事，不僅一舉變成了全國性新聞，【二】而且也極大地動搖了美國國父們的整體政治形象。

如果說這之前傑斐遜與女奴赫明斯有無同居關係，是否育有子女，以及真有此事應該如何評價的問題，人們還意見分歧【三】的話，那麼，華盛頓奴隸小屋的發現與證實，很容易讓更多的人開始認定，國父們不僅當年政治嚴重不正確，而且他們多半道德上也都極端虛偽。

事實上，差不多從十年前開始，報紙、小說、影視作品，包括部分歷史教科書，就陸續開始出現揭露、批評，甚至是醜化華盛頓、傑斐遜等開國元勳的情況了。【三】首任美國總統華盛頓任職期間秘密役使黑奴一事的揭露，連同近年來幾度因警察槍殺黑人而激起種族衝突的事件，更是將這一波歷史揭批運動推向了高潮。這也正是為什麼，夏洛茨維爾事件發生後，美國上至特朗普，下至各地激進的黑人青年，連同自由派網媒主編等等，幾乎馬上就圍繞著要不要承認「國父」的歷史地位發生了激烈爭論。可以肯定的是，許多積極推動全面「改寫歷史」的，就是自信「政治正確」，並必欲依照「政治正確」原則行事的眾多相對年輕的民間歷史關注者，也包括一些日漸重視社會平等的中青年專業史家。他們多年來在美國潛移默化的「政治正確」的思想薰陶下成長起來，當然無法想象，怎麼有人會殘忍地奴役和傷害其他人，還會被尊為「國父」！？

【一】Edward Lawler, Jr., "The Controversy: An Overview of the Controversy", http://www.ushistory.org/presidentshouse/controversy/pmhb/index.php.

【二】參見 Pat Harrison, "Annette Gordon-Reed on Thomas Jefferson", *Radcliffe Magazine*, 2013, https://www.radcliffe.harvard.edu/news/radcliffe-magazine/annette-gordon-reed-thomas-jefferson; Sean Wilentz, "Life, Liberty, and the Pursuit of Thomas Jefferson: How a Slaveholder and Ideologue Was Also a Great Democrat", *New Republic*, March 10, 1997, https://newrepublic.com/article/63323/life-liberty-and-the-pursuit-thomas-jefferson.

【三】最典型的就是二〇〇七年上映的美國電視連續劇出現的，把華盛頓醜化為「食人族」的揭秘劇集。見 "The Washingtonians", Wikipedia, https://en.wikipedia.org/wiki/The_Washingtonians.

四、美國專業史家面對「改寫歷史」的分化

美國多數專業史家並不反對「改寫」具有正統色彩的主流歷史敘述，而且他們也一直在致力於這種「改寫」的工作。

二十世紀以前美國史家的美國史寫作，基本上都帶有「輝格史」學派色彩，著眼於美國革命建國的正義性和進步性，強調國父們如何奠定了人權自由的政治原則，並領導白人移民成功地抗擊了英王的暴政。進入二十世紀後，受到進步主義思潮的影響，史家們開始注意到美國革命和建國過程中大眾與精英，特別是各種不同利益集團相互間的矛盾及其影響，但依然把目光放在政治、經濟、軍事、外交方面，且貫穿以美國建國元勳和政治家們的歷史貢獻和歷史作用。用曾任美國歷史學家組織主席的斯坦福大學教授卡爾·N·戴格勒（Carl N. Degler）的說法，直到二十世紀五六十年代以前，美國史實質上都是「特權白人所強加的，並以特權白人為中心」的歷史敘事。二戰結束時在美國高校中勞工史的研究才剛剛興起，但主要關注的也不是勞工本身，而是工會組織之類的問題。「黑人史幾乎是個沒有得到承認的領域」，只有個別白人在做研究，【二】甚至當時大學裡的美國史教科書談及黑奴問題時還「頗多冒犯性內容」，如公然聲稱奴隸制時代「黑人比南方任何一個階級都少受苦，大多數奴隸吃得飽，備受關懷，顯然很幸福」。至於婦女史、少數民族史，包括印第安人的歷史等等，更是「幾乎沒有一本教科書或

一門歷史課程願自找麻煩把她們包括在內」。受此影響，在很長時間裡，美國歷史學幾大全國性組織[二]中的黑人會員和女性會員寥寥無幾。[三]

但是，民權運動興起後，一切都改變了。梅里爾・詹森（Merrill Jensen）寫道：「二十世紀六十年代發生的種種事件似乎摧毀了一致論的美國史觀。從黑豹黨人、總統非暴力委員會成員，到所謂『新左派』歷史學家，各方人士都贊同這個說法……（過去）絕大部分著作談的都是『精英人物』，人民的作用或被藐視，或被置之不理。因此，（今天）應該『由下而上觀察美國革命』」[四]了。

這樣的轉變當然歷經曲折，也頗多爭議。就較權威的專業史家的反映來說，筆者所見最

【一】除了喬治・華盛頓・威廉斯（George Washington Williams）、威廉・愛得華・伯格哈特・杜波依斯（William Edward Burghardt Du Bois）等黑人作者的研究成果以外，赫伯特・阿普特克（Herbert Aptheker）幾乎是二戰結束前後僅有的研究黑人史的白人研究者，其首部著作出版於一九四三年，即楊靜遠譯的《美國黑奴的起義（1526—1860）》（北京：生活・讀書・新知三聯書店，一九五八年）。

【二】主要是指美國歷史學會（AHA）和美國歷史學家組織（OAH）。

【三】〔美〕卡爾・N・戴格勒：〈重寫美國史〉，一九八〇年四月十日，載中國美國史研究會等編：《奴役與自由：美國的悖論——美國歷史學家組織主席演說集》（貴陽：貴州人民出版社，一九九一年），頁四〇四—四〇六。

【四】〔美〕梅里爾・詹森：〈美國人民和美國革命〉，一九七〇年四月十六日，載中國美國史研究會等編：《奴役與自由：美國的悖論——美國歷史學家組織主席演說集》，頁一九一。

早的文字發表於一九六四年，即時任美國歷史學家組織主席艾弗里・O・克雷文（Avery O. Craven）的主席講演。他首度提出白人史家應當改變過去忽視奴隸制問題的情況，並嘗試著藉助一二百年前南方白人紳士的書信資料和相關文獻，來回應社會上正洶湧而來的對美國奴隸制歷史的質疑。但那個年代的他仍然對傳統敘事及其邏輯是充分信任的。他的重要突破就是告訴我們，奴隸制「既可以是殘酷的，充滿剝削的，也可以是父子般的，體貼入微的」。「奴隸的待遇一般反映了主人的個人品質和時代準則。」他承認奴隸制時代白人對奴隸確有很殘酷的情況，但他認為這多半是當時的社會風氣造成的，因為他從史料上發現，多數犯有這類罪行的人「一貫誠實、正直，在社會上很受尊敬——是名門望族的成員」。【一】

一年後，約翰・W・考伊（John W. Caughey）再做主席演講時，態度與克雷文已明顯有別了。他不否認美國的國父們當年提出了並曾致力於實現那些對人類社會具有普適性的人權自由的原則，但他尖銳地指出，從一七七六年到一九六五年，不論對外對內，美國「卻一次又一次脫離了正道」，「屢屢出爾反爾」。除了無休止地對外侵略擴張外，「在文明世界各地幾乎早已擯棄了奴隸制之後，美國的奴隸制仍然繼續存在。」即使林肯領導了解放黑奴的南北戰爭，戰後黑人指望得到平等權利的夢想也未能實現，整個國家權力機構，特別是最高法院在強化和推行種族歧視方面都扮演了極不光彩的角色。一百多年來，「我們所做的一切足以讓鄰國嘲笑詰問，足以使公民憤世嫉俗。」【二】

考伊批判性的言論也並沒有能一舉改變諸多專業史家的疑慮。一九六八年是美國社會因民權運動和反戰運動劇烈動盪之年，政府開始出資在許多大學建立專門研究非裔美國人歷史的研究室，耶魯大學更破天荒召開了全國性的關於黑人史研究的學術會議。頗具影響的老一輩史家托馬斯·A·貝利（Thomas A. Baiey）在當年歷史學家組織的年會演講中就此種情勢公開發出了警告。他聲稱，他並不否認傳統的美國史撰述中存在著許多違反歷史真實的「神話」和「迷信」，歷史教科書的編寫者，特別是出版商，在這方面甚至可以說罪孽沉重。但是，如果因此大家各有各的價值判斷，各有各的倫理標準，「作為國家歷史的託管者」和「負有特殊的義務」的美國史家，不是「力求（保持）檔案記錄的正確可靠」，而是「藉愛國之名，行利己之實」，對歷史人物「要麼絕對贊成，要麼完全反對」，那麼，改寫出來的歷史是否就會導向正確的結果呢？他對此深表懷疑。他甚至直言不諱地批評說：「非裔美國人」「吵吵嚷嚷地要求得到歷史的承認」，「要求在教科書裡也佔有一席之地」，是試圖迫使專業史家「為了求得社會和諧」，在美國史的寫作中「排擠重要的白人以讓位給不重要的黑人」。在他看來，對美國黑

【一】〔美〕艾弗里·O·克雷文：〈歷史上的一次冒險〉，一九六四年四月，載中國美國史研究會等編：《奴役與自由：美國的悖論——美國歷史學家組織主席演說集》，頁六九—九十。

【二】〔美〕約翰·W·考伊：〈我們的天定命運〉，一九六五年四月二十二日，載中國美國史研究會等編：《奴役與自由：美國的悖論——美國歷史學家組織主席演說集》，頁九八—一〇八。

人地位和作用「這種姍姍來遲的承認，雖然有許多方面值得讚揚，卻也充滿危險」。因為，「過分強調黑人領頭組織反抗，掙脫束縛，獲得解放的作用」，根本是錯誤的。「這種一意顛倒美國歷史的做法，正是少數民族群體的特徵，黑人的自豪感也許會因此而激發起來，但是真正的學者是不會支持的。」【一】

但是，自一九六一年三月美國政府宣佈「平權運動計劃」之後，接下來的十年裡美國政府和國會已經接連通過了《民權法案》、《投票權利法案》、《平等權利修正案》以及《平等就業機會法案》等一系列平權法案，為黑人、婦女和少數民族伸張權利，加強黑人史的研究，並在美國史的研究中強調非裔美國史問題，已是大勢所趨。【二】因此，僅僅過了一年時間，一九六九年C．范恩．伍德沃德（C. Vann Woodward）在歷史學家組織年會的主席演講詞中就明白宣告說，白人佔據高校歷史教席，包括把黑人史看成是白人史的一塊飛地的時代已經結束了。如今，每一個學術機構都不能不「使出渾身解數」，或在聘用新人上設法做出改變，或在開設課程、編寫教材、準備講稿上增加對美國歷史上受壓迫、受奴役的人群，特別是黑人史的研究，以適應變化了的新形勢。儘管他對如此改變的後果也不無疑慮，擔心「矯枉」會不會「過正」。但面對漸成「政治正確」的以人權及社會平等為核心價值的道德觀的壓力，他公開承認，純粹靠白人史家為黑人撰史，無論出於何種用心，都是不可延續的了。美國專業史家對美國奴隸制的歷史非得要「在道德上表明立場，直到在總體上承擔責任」不可，也非得要正視並回答那個最讓美國白人史家

感到頭疼的問題不可，即：何以「最響亮的爭取自由的呼聲竟來自黑人的監工」？【三】

一九七二年，美國歷史學家組織年會主席埃德蒙·S·摩根（Edmund S. Morgan）勇敢地試圖來回答這一令人尷尬的問題。其演講的標題就叫《奴役與自由：美國的悖論》。他告訴我們說，美國多數學者也是不久前才瞭解到美國史的這一弔詭的情況的。因為「有人頗為詳盡而又令人痛苦地向我們證實」，「喬治·華盛頓、詹姆斯·麥迪遜，特別是托馬斯·傑斐遜……都是奴隸擁有者，而且終身如此」。由於奴隸制問題的研究成果越來越多，大家已經不能不承認：「在我國，自由和平等是伴隨著奴隸制的興起而興起的。在相當長的歷史時期內，這兩種彼此矛盾的發展過程並駕齊驅，從十七世紀一直延續到十九世紀，成了美國歷史上的主要悖論。」但是，他不同意有些人的解釋，即「認為傑斐遜、麥迪遜或者華盛頓懷有騙人意圖」，甚至「把美國歷史中自由平等的興起斥為徹頭徹尾的騙局」。他的解釋是，「英國殖民者及其

【一】〔美〕托馬斯·A·貝利：〈美國歷史神話的編造者〉，一九六八年四月十八日，載中國美國史研究會等編：《奴役與自由：美國的悖論——美國歷史學家組織主席演說集》，頁一四四—一六五。

【二】〔美〕特里·H·安德森著，啟蒙編譯所譯：《美國平權運動史》（上海：上海社會科學院出版社，二〇一七年），頁八〇、一〇〇—一〇七、一七一—一七五。

【三】〔美〕C·范·伍德沃德：〈史神有情〉，一九六九年四月十七日，載中國美國史研究會等編：《奴役與自由：美國的悖論——美國歷史學家組織主席演說集》，頁一六六—一七〇。

革命的後裔都是些種族主義者……種族主義肯定是導致這種矛盾現象的一個基本原因。」但更主要的原因恐怕還在於以華盛頓、傑斐遜等人為代表的種植園主的生存境遇。大批種植園主過去靠僱傭由英國輸入的白人契約工進行生產，然而這些在英國窮困潦倒、卻擁有自由民身份的「粗野的單身漢」，來到北美後不僅不服管教，而且還擁有了武器，因而變得極其危險。十七世紀末「弗吉尼亞人買到了能夠買到的最廉價的勞動力時，奴隸制便自然而然地產生了」。隨著白人契約工輸入減少，而經濟生產迅速發展，留下來的原本貧困的自由民也比較容易取得土地和擁有奴隸了。隨著弗吉尼亞有土地和奴隸的自由民數量不斷增加，稅收、代表、財產及其權利觀念等也逐漸成為社會共識並制度化了，議會與自由民選民之間的關係也變得密切了。摩根並且得出一種結論稱，促成弗吉尼亞民主共和觀念及其制度形成的「最重要因素是奴隸制——是奴隸制使弗吉尼亞能在一個種植園社會中產生出代議制政府，是奴隸制將伯克利總督的弗吉尼亞轉變成了傑斐遜的弗吉尼亞，是奴隸制使弗吉尼亞人敢於喊出擴大自由民權利的政治口號」。「奴役與自由的美國悖論就是這樣開始了」。【一】

實際上，進入一九七〇年代以後，只著眼於為「傑斐遜這樣崇高的人」去做解釋已經遠遠不夠了。不少自由派的美國史家已經開始轉去研究過去被忽視或無視的群體了。美國人民史、美國勞工史、美國黑人史、美國印第安人史、拉丁裔美國人史，以及美國婦女史等新的研究領域都陸續開始出現了。進到一九八〇年代中期，新的美國通史已「不只是講述戰爭、領袖和機構的歷史」，黑人和其他少數民族、婦女和勞動階級都開始佔有一席之地，甚至變成了美國歷史的主角。【二】美國歷史研究的專業刊物，如《美國歷史研究》、《南方歷史雜誌》等，都開始積極刊登涉及非裔美國人話題的研究論文。

在此背景下，隨著信奉平等原則的自由主義左派史家迅速成長起來，美國專業史家的組織也開始傾向於批判傳統的主流敘事了。一九八七、一九八八、一九八九年，美國歷史學家組織年會連續三年的主席演講都對一七八七年美國憲法制定者的真實意圖及憲法對美國社會人權自由平等的作用，提出了強烈的質疑，並予以了嚴厲的批判。在他們看來，美國憲法的制定人、立法者和法官們，從來都沒有真正贊成過人人平等這一社會的和政治的主張。美國憲法自制定以來，很長時間「始終是一部維護種族奴役和種族歧視的文獻」。因為，「美國革命的領袖們

【一】〔美〕埃德蒙·S·摩根：〈奴役與自由：美國的悖論〉，一九七二年四月六日，載中國美國史研究會等編：《奴役與自由：美國的悖論——美國歷史學家組織主席演說集》，頁二二四—二二六、二四〇—二四一、二四五—二四六。

【二】〔美〕路易斯·R·哈倫：〈社會課程改革與歷史學家〉，一九九〇年，載中國美國史研究會等編：《奴役與自由：美國的悖論——美國歷史學家組織主席演説集》，頁六四〇。並參見〔美〕霍華德·津恩著，許先春等譯：《美國人民的歷史》（上海：上海人民出版社，二〇〇〇年）；〔美〕加里·納什、〔美〕朱莉·羅伊·傑弗里主編，張茗譯：《美國人民：創建一個國家和一種社會》（第六版）（北京：北京大學出版社，二〇〇八年）（Gary B. Nash, Julie Roy Jeffrey, *American People: Creating a Nation and a Society*。該書初版於 New York, 1986，迄今已七版）。

並不認為人生來具有同等的才幹和天資，也不認為政府應當取之於富人而用之於窮人。他們甚至不認為所有的成年男子都應享有選舉或擔任公職的權利。」這也是為什麼，一百多年來，「這個標榜自己奉行『人人生來平等』原則的國家，同時卻建立在人類最邪惡的不平等基礎之上。」【一】

受此潮流影響，眾多美國史新著不可避免地會使人得出這樣的印象：「從過去以『建國之父』為主角的革命，變成了以普通民眾和邊緣群體為主角的革命」；「國父」們代表的政治精英多半不僅不再被看成是革命的，而且往往被批評為說一套、做一套，在一些重要的歷史關頭還背叛了革命原本訴求的自私自利者。一些史家們更得出結論說，「精英領導人對《獨立宣言》中的平等理念做了狹隘的理解，沒有做出『更人道、更民主』的選擇，因為他們不希望發生社會革命。那些起草和簽署《獨立宣言》與聯邦憲法這兩個立國文獻的人，大多『反對人民民主和社會平等』。他們中的許多人擁有奴隸，不少人對民眾的政治訴求和行動大加抨擊；他們雖然在《獨立宣言》中承認『人民』有權利『改變或廢除』政府形式，但他們在按照自己的意願建立政府之後，卻不再允許『人民』『改變或廢除』他們創建的政治結構和秩序，毫不留情地鎮壓民眾的『政治反叛』。」【二】

由於長期以來美國正統的歷史敘事和闡釋被盎格魯—撒克遜新教白人文化支配著，這種強調階級、種族、性別、人民反抗史，輕視白人精英文化的改寫歷史的趨向，不能不引起諸多習慣了傳統思維的人們的不安。有學者驚呼美國歷史學「已經四分五裂」了；有學者公開號召專業史家，包括中小學歷史教師，堅持傳統的自由主義的「人類價值觀念」，並據以影響大眾。【三】到一九八九年，就連里根總統也注意到了這種改變的危險，他利用離職演說的機會專門就此發出過警告。【四】但就在里根總統離職的幾乎同時，美國「從幼兒園到中學，一場教育改革正在全國開展起來」。此前，為擴大史學研究生就業渠道，美國諸多高校已經發展起一系列推

【一】〔美〕利昂·F·利特瓦克：〈心靈的煩惱：美國憲法二百年與美國黑人的經歷〉，一九八七年四月三日；〔美〕斯坦利·N·卡落：〈美國憲法與平等〉，一九八八年三月二十五日；〔美〕戴維·布里翁·戴維斯：〈美國的平等和外國的革命〉，一九八九年四月七日，載中國美國史研究會等編：《奴役與自由：美國的悖論——美國歷史學家組織主席演説集》，頁五四六、五四八、五七三、六一八。

【二】李劍鳴：〈意識形態與美國革命的歷史敘事〉，載《史學集刊》二〇一一年第六期，頁三—二九。

【三】〔美〕戈登·賴特：〈歷史是一門倫理學〉，載中國美國史研究會王建華等譯：《現代史學的挑戰——美國歷史學會主席演説集（1961-1988）》，一九七五年；〔美〕卡爾·N·戴格勒：〈美國史求索〉，一九八六年，載中國美國史研究會王建華等譯：《現代史學的挑戰——美國歷史學會主席演説集（1961-1988）》（上海：上海人民出版社，一九九一年），頁二七二、四八九—四九〇。

【四】〈美國第40任總統里根1989年1月在白宮發表離職演講〉，載陳飛編譯：《美國總統演講全集》（北京：中國致公出版社，二〇一二年），頁二一五—二一六。按照埃里克·方納（Eric Foner）的觀點，「里根實際上提供了一部新的美國歷史敘事，這部歷史是一部關於白人的長篇故事」。他堅持要「把黑人從『想像的共同體』中抹去」。見埃里克·方納著，王希譯：《自由的故事》（北京：商務印書館，二〇〇二年），頁四四九。

動史學為公眾事業服務的「公共史學」的教學實踐活動。此舉進一步促進了專業學者對社會及公眾事務的關注與介入。【一】注意到少數中小學歷史教科書中談到奴隸制及其種族歧視對黑人的種種傷害問題，還會遭遇到種種杯葛，【二】美國歷史學會、美國歷史學家組織和全國社會課程聯合會等，隨即展開了廣泛的針對中小學歷史教學情況的調查活動，其目的就是要將「發端於二十世紀六十年代的革命」的「新觀點」貫徹到學校教科書和教案中去。【三】

一九九四年，美國加州大學洛杉磯分校全國中小學歷史教學中心邀集哈佛、哥倫比亞、耶魯、密歇根等大學一些著名教授，共同編成並公佈了一套《全國（中小學）歷史教學標準》，大量吸收了美國專業史學研究的許多新觀念和新成果。它首度提出，應該從小讓學生瞭解，今天的美國，其實就是白人移民、黑人移民，和土著印第安人三者結合而成的一個共同體，也是歐洲文明、非洲文明和土著印第安文明由衝突到融合的產物。它並一改過去教科書著重介紹美國國父們的歷史貢獻以及美國立憲經過的做法，反覆提及反映美國黑暗面的問題，如麥卡錫主義、三K黨等，並較多著眼於社會下層而非上層的人群和問題。此一《標準》出版後幾乎馬上就受到了美國眾多精英人士的激烈抨擊，就連美國參議院都破天荒地通過決議來批評《標準》的做法。在此壓力下，兩年後修訂再版的《標準》發行，編者們固然堅持了初版在多元化和社會史方面所做的努力，但也不得不增加了正面提到華盛頓和傑斐遜等政治偉人的次數，以及殖民時期歐洲文明影響的分量等方面的內容。【四】

十分明顯，即使在以社會平等為核心的「政治正確」漸漸成為社會主流意識形態的背景下，主張平等的自由主義左派史家對美國史敘事的影響這時還是有限的。多數史家還是無法接受全盤推翻傳統敘事、把代表著「美國夢」的美國式民主自由觀念及其美國開國元勳為之奮鬥的歷史一筆抹殺的做法。由此也就不難理解，其後美國會出現越來越多相互抵觸的歷史敘事。二〇一四年，美國學者泰德·麥卡利斯特（Ted McAllister）將差異明顯的美國歷史教科書及其著述做了一個分類，將這些不同的敘事大體上分成了三類：（一）傳統的自由主義敘事，即相信美國的國父們構建了具有普世主義的並構成了「美國夢」基本內涵的道德原則；（二）激

【一】王希：〈誰擁有歷史——美國公共史學的起源、發展與挑戰〉，載《歷史研究》二〇一〇年第三期，頁三四—四七。

【二】最典型的就是直至一九八〇年代，美國各州還只有約翰·霍普·富蘭克林（John Hope Franklin）等人編寫的、較多談到黑奴被傷害被奴役情況的《自由的土地》一書，經過爭議後，成為了該州八年級教科書，美國大部分州的教科書仍舊對奴隸制的問題採取忽略的態度。

【三】〔美〕路易斯·R·哈倫：〈社會課程改革與歷史學家〉，一九九〇年，載中國美國史研究會等編：《奴役與自由：美國的悖論——美國歷史學家組織主席演說集》，頁六四〇。

【四】王希：〈何謂美國歷史？——圍繞《全國歷史教學標準》引起的辯論〉，載《美國研究》一九九八年第四期，頁七—二七。

進的自由主義敘事【二】，即認定美國的歷史是人民爭取平等權利的歷史，國父們只是些高唱理想道德卻斤斤於少數人利益的假聖人；（三）強調義務和秩序的保守主義敘事，即相信美國的成功很大程度上在於美國國父們不僅不以平等為目標，而且也不承認抽象的自由，美國憲法的偉大之處就在於能夠維持住自由與秩序之間的微妙平衡。在他看來，這三類敘事「好」「壞」差異很大。「好」的敘事可以塑造一個民族的善良天性，「壞」的敘事會將我們變成野獸。麻煩的是，「美國的過去所遺留下來的事實證據足以支持多種相互競爭的敘事」，除了保守主義敘事因為必須要挖掘歷史證據的深層次信息，目前的説服力有限外，傳統的主流敘事和信奉平等原則的新左派自由主義敘事「每一種敘事都是真實的」，因而均擁躉甚眾。這也就不能不讓麥卡利斯特等人深感憂慮。因為在他看來，著眼於下層民眾權益，仇恨種種不平等，客觀上起著挑動民眾敵視權勢階層作用的激進的自由主義敘事「正在學校裡傳授」，很可能會變成美國的主流敘事。為此，身為保守主義敘事支持者的他，卻不能不公開主張支持傳統的主流敘事繼續維持其主流史觀的地位。他對自己反對改寫歷史的理由講得很清楚，讓信奉平等原則的新左派自由主義敘事成為主流敘事的危險在於，美國很可能會在一夜之間變成一個和過去截然不同的——充滿「野獸」的——國家。【三】

五、美國史是「每一種敘事都是真實的」嗎？

相信專業史學家沒有幾個人真的會認同麥卡利斯特關於「美國的過去所遺留下來的事實證據足以支持多種相互競爭的敘事」，因此「每一種敘事都是真實的」的說法。但是，今人讀美國通史或美國史教科書，的確會感覺到麥卡利斯特所說的問題，即「公說公有理，婆說婆有理」。每一種敘事似乎都握有足夠的證明，也都有自己的一套邏輯和道理，再加上相互之間你吸收我一些史料和說法，我吸收你一些史料和說法，就更是容易讓不研究美國史的人看成一筆

【一】由於美國史的傳統敘事從來都標榜是自由主義的，因此麥卡利斯特在這裡稱傳統敘事為自由主義敘事，而貶稱批評傳統敘事、突出強調平等敘事的自由主義敘事為「激進主義敘事」（the Radical Story）。為便於讀者區分，這裡改稱為「激進的自由主義敘事」。此自由派即錢滿素所稱的自由主義新左派，見氏著：《美國自由主義的歷史變遷》（北京：生活．讀書．新知三聯書店，二〇〇六年），頁一三九—一七二。

【二】參見〔美〕泰德．麥卡利斯特的文章〈我們講怎麼樣的故事，我們就成了怎麼樣的人〉（Ted McAllister, "The Stories We Tell: The People We Become", University Bookman, http://www.kirkcenter.org/bookman/article/the-stories-we-tell-the-people-we-become）。專欄作家羅斯．杜塔特（Ross Douthat）也相信激進的自由主義敘事將佔據上風。轉見〔美〕約翰．奧沙利文著，萬吉慶譯：〈美國的兩套敘事：「老美國」vs.「新美國」〉，哲學園，二〇一七年二月十二日，https://mp.weixin.qq.com/s?__biz=MjM5MTAyNjcyMA==&mid=2656531348&idx=1&sn=65367840 7e35741d663febd620a5659b&chksm=bd1808db8a6f81cd6899847169f83137ac44d0aa9e0c503c9a977c0d594810b7b43e4217e8e4#rd。

糊塗帳了。

美國史研究如今遭遇的尷尬，恐怕在當今任何國家都可能遇到，尤其是那些政治制度與社會觀念前後變化巨大的國家中，新舊敘事在新舊觀念影響下更是容易各走極端。每一種嚴肅的歷史敘事都會找到立論的史料依據，就像愛德華．H．卡爾所說的，這本來也是史家的主觀選擇所決定的，歷史學家也有資格來「製造」歷史。【一】從追求歷史真實的角度，這也不是什麼壞事。因為不論是認定傑斐遜等人開創的美國道路和《獨立宣言》所宣示的普世性原則，為人類社會歷史發展指明了方向的傳統的主流敘事；還是認定美國史根本上是一部種族歧視、民族矛盾、性別壓迫和階級衝突史的新左派的自由主義敘事；也包括其他各種調和的及微觀的新敘事，都從各自的角度極大地幫助了美國史的真相還原工作。問題是，就通史著述或歷史教科書而言，觀點對立、各執一端的敘事無論如何都有其片面性。有沒有可能將已經發現的各種看起來相互衝突的歷史真實統合起來，做出一種更具整體性且能讓讀者看出歷史發展邏輯的實事求是的歷史解讀呢？

這些年來，許多美國專業史家，也包括不少熱心於美國史重建的記者、作家，都為此做出了很重要的嘗試。【二】但就筆者有限的閱讀看，即使是這些努力綜合各方史料，努力協調不同觀點的著述，對「美國的悖論」的解釋力仍較有限。一個明顯的不足是，幾乎所有作者都認同「悖論」的存在，也大都不否認當今以社會平等為核心訴求的「政治正確」的價值觀，但所有研究多半都沒有把美國從建國前到當今這一「悖論」發生、發展、變化的過程設定為歷史考察的主線，更沒有人把自北美殖民地初建到今天這四百年歷史放到歐美乃至近代人類社會歷史發展的大進程和大邏輯中，去進行比較考察。這樣做之所以必要的一個重要原因就在於，美國的歷史發展，無論文明還是野蠻，能否脱離人類社會歷史發展的大背景、大環境和大時代的影響與制約呢？如前所述，從人類社會幾百年來社會發展的實踐來看，當今多數西方國家幾乎須臾不可背離的「政治正確」不過是最近半個世紀左右才逐漸形成的，它不僅與幾百上千年前歷史人物的價值觀、道德觀大相徑庭，就是與幾十上百前年社會的主流價值觀、道德觀，也有很大不同。從前述美國專業史家史觀的分裂、夏洛茨維爾事件的發生，包括讓許多知識分子跌破眼鏡的特朗普當選美國總統等情況，也都可以清楚地看出，即使當今在「政治正確」已相當強勢的西方國家，此一所謂主流的價值觀，與頗多底層民眾亦或所謂保守的、右翼的社會集團的價

【一】〔英〕愛德華・霍列特・卡爾：《什麼是歷史？——1961 年 1 月至 3 月在劍橋大學喬治・麥考利・特里維廉講座中的講演》，頁六。

【二】如〔美〕加里・納什、〔美〕朱莉・羅伊・傑弗里主編，張茗譯：《美國人民：創建一個國家和一種社會》（第六版）（北京：北京大學出版社，二〇〇八年）；〔美〕埃里克・方納著，王希譯：《給我自由——一部美國的歷史》（北京：商務印書館，二〇一〇年）；〔美〕威廉・J・本內特著，劉軍等譯：《美國通史》（南昌：江西人民出版社，二〇〇九年）；〔美〕詹姆斯・韋斯特・戴維斯著，曾毅譯：《耶魯美國小歷史》（北京：中信出版集團，二〇一七年）；等等。

值觀、道德觀，也還有很大距離。換言之，所謂「美國的悖論」僅僅是美國自身的悖論呢，還是歐美社會，甚至是整個人類社會歷史發展過程中一種階段性的存在或表現呢？

為此，我們在這裡不妨簡單提示一下美國這一「悖論」發生、發展和變化的歷史情況。

二百四十年前，美國國父們宣告了「人人生而平等」的原則，然而十年後美國正式建國制訂的憲法中卻沒有認同這一原則。【一】以後差不多過了九十年時間，美國國會才批准給黑奴以人身自由，同時才承認沒有財產的白人男性也可以享有選舉權。但是，即使在南北戰爭後討論第十五修正案，考慮授予黑人男性以選舉權時，共和、民主兩黨，一個同意給黑人男性投票權，不同意給婦女投票權；一個既反對給婦女投票權，也反對給黑人男性投票權。白人婦女運動組織者的態度卻是：「在婦女沒有投票權的時候，黑人也不應該被授予投票權」。結果，不僅婦女投票權沒能獲得，美國國會一度通過的第十五條憲法修正案，事實上未能執行。此後，又過了半個世紀，美國白人婦女才得到了選舉權；又過了將近一個世紀，亦即一九六〇年代中後期（南方各州更晚），印第安人和黑人才先後獲得了法定的與白人同等的選舉權。【二】這也正是為什麼戴格勒告訴我們說，二十世紀六七十年代以前美國專業史學會，特別是在多數高校歷史教師隊伍中，幾乎找不到黑人或女性成員。黑人史直至平權運動期間才開始進入歷史教科書，學界對婦女史重視的時間甚至還要大大晚於黑人史受重視的時間。【三】

為什麼將近兩個半世紀前美國開國元勳們就提出了「人人生而平等」，人人享有「不可剝奪的」「生命權、自由權和追求幸福的權利」【四】的主張，在美國卻長達近兩個世紀不能確定這個「人」的範圍，而且還一直堅持要限制其範圍呢？對此，人們已經有過很多的討論。傳統的解讀要麼忽略《獨立宣言》與《美國憲法》在民權問題上存在的巨大差異，要麼認為「那項著名宣言的作者們是想要把一切人都包括進去的」，只是當時沒有能夠做到。有人批評這是「民主的倒退」，甚至是「背叛」；更多的人，如林肯（Abraham Lincoln）即認為，這是國父們的一種故意，他們知道一時做不到，但相信還是應該「道明這一條關乎所有人的真理」，以便

【一】一七八七年《美國憲法》只承認「自由人」為「人」。「自由人」主要是指有財產的白人男性，不包括女性，也不包括無能力納稅的白人男性。在憲法條文中黑人只是基於南方州白人男性人數較少因而被折算成五分之三個人，以增加南方州種植園主當選議員的比例。見"Constitution of The United States, September, 17th, 1787", in *The Constitution of the United States and The Declaration of Independence*, Washington D.C., p. 1.

【二】〔美〕威廉·J·本內特：《美國通史（上）》，頁三六一—三六二；〔美〕威廉·J·本內特：《美國通史（下）》，頁三三四。

【三】〔美〕卡爾·N·戴格勒：〈重寫美國史〉，一九八〇年四月十日，載中國美國史研究會等編：《奴役與自由：美國的悖論——美國歷史學家組織主席演說集》，頁四〇五—四〇六。

【四】"The Declaration of Independence, July 4, 1776", in *The Constitution of the United States and The Declaration of Independence*, Washington D.C., p. 35.

「為自由社會規定一個準則」、一個奮鬥的目標。【二】較新的解讀也很多，津恩認定國父們寫下這句話只是因為它更具「鼓動性」，可以「把一些美國人動員起來」，他們從來沒有想要去實現它。【三】埃克里·方納（Eric Foner）則告訴我們說，傑斐遜當時確實是借用約翰·洛克（John Locke）的觀點來說明美國獨立的政治正當性，當時的人，包括傑斐遜本身都並不真的理解這段話所包含的全部涵義。因為當時人的思想還沒有發展到如此激進的程度。「在英屬北美殖民地社會，一個秩序良好的社會的基礎通常被認為是對權威的服從……不平等（才）是殖民地社會秩序的基礎所在」【三】。

應該肯定，方納的解釋可能更符合當時的歷史實際。因為無論是背叛說，還是故意說，亦或欺騙說，都有高估之嫌，既與北美殖民地當時所處的時代背景脱節，也與產生華盛頓、亞當斯、傑斐遜等人的各主要殖民地社會發展水平及其權力關係狀況不合。但方納的解讀也忽略了一個更大的背景。他沒有注意到，這個時候「對權威的服從」亦或法律、政治、社會的「不平等」，不僅僅是北美殖民地社會所獨有的現象。想一想整個十八世紀末以前的英、法等歐洲國家都還奉行嚴格等級制的君主制就不難明瞭這一點。指出這一點的重要性在於，不僅美國獨立建國創立的聯邦政體及其民主分權制度的理念和設計，基本源自於洛克的《政府論》，傑斐遜寫進《獨立宣言》的那段論及「人人生而平等」的名言，也都是搬自洛克的。但是，包括洛克等在內曾論及人「生而平等」的啟蒙思想家們，從十六世紀末至十八世紀末，有什麼人真的認為「人」可以不分國家、民族、膚色、信仰、性別、貧富、貴賤、智愚，在法律權利、政治權利，以及社會權利上一律平等的嗎？

對於思想啟蒙時期歐美人權思想中「人」的含義的演變，上個世紀八九十年代歐洲一些法學界的學者已做過考察和研究。如瑞士法學家勝雅律（Harro Von Senger）就有專文談論過。他的結論是，不要說在十六、十七世紀，就是在十八、十九世紀，甚至部分地在二十世紀，許多今天仍在使用的重要政治詞彙，如「人」、「人民」、「人類全體」、「整體利益」、「公意」等等，其含義都是特指的，與其表面詞義相比要狹窄得多。比如一七七六年美國的《獨立

【一】〔美〕亞伯拉罕・林肯：〈在伊利諾斯州斯普林菲爾德的一次演說〉，一八五七年六月二六日，載〔美〕亞伯拉罕・林肯著，朱曾汶譯：《林肯選集》（北京：商務印書館，一九八三年），頁七九—八〇；〔美〕路易斯・亨金著，鄭戈譯：《憲法與權利》（北京：生活・讀書・新知三聯書店，一九九六年），頁四；〔美〕詹姆斯・韋斯特・戴維斯：《耶魯美國小歷史》，頁一三八。

【二】〔美〕霍華德・津恩：《美國人民史》，頁六一；〔美〕霍華德・津恩、〔美〕安東尼・阿諾夫著，汪小英等譯：《另一半美國史：民主進程中被掩蓋的聲音》（杭州：浙江人民出版社，二〇一七年），頁五三。

【三】〔美〕埃克里・方納著，王希譯：《美國自由的故事》（北京：商務印書館，二〇〇二年），頁四一。另據劉小楓，波考克（J. G. A. Pocock）和邁克爾・扎科特（Michael Zuckert）對洛克思想是否起了作用存有爭論。但傑斐遜起草的宣言初稿顯然引用了洛克在《政府論》下篇第二章中的句子。有關爭論轉見劉小楓：《以美為鑒：注意美國立國原則的是非未定之爭》（北京：華夏出版社，二〇一七年），頁二五一—二五二、二七八—二七九。

宣言》、一七八九年法國的《人權和公民權宣言》，其中所談到的「人」，無論是寫作man、men、all men，還是寫作Citizen，指的都是有財產的白人男性，不包括在那個時候被視為缺少理性且附屬於男性的婦女，更不包括被多數白人視同劣等或相當於「動物」的有色人種，甚至也不包括沒有受過教育且被認為無法成為洛克所說的有「共同天性、能力和力量的人」的貧困白人。【一】

為什麼在十八世紀思想啟蒙運動已經開始的條件下，人們還會把「人」等級化，甚至分為「人」和「半人」（「亞人」）和「非人」呢？勝雅律指出，這是「人權」觀念漸進形成過程中階段性的表現。早期啟蒙運動的思想家們大都相信，「有理性的才配稱為人」，理性是與生俱來的，「男性＝理性；女性＝非理性」，故婦女「也就是非人、次等人（或者劣等人）」。因此，在那樣一種時代背景下，不論是英國，還是法國，更不必說主要來自英國的殖民者開闢的北美殖民地，亦或是他們所創立的國家，大家在「人人生而平等」問題上的觀念基本都是一樣的，即未成年人、婦女、精神病人，更不必說有色人種，都不在其中，自然也就不成其為在法律上和政治上享有平等地位的公民。【二】

不過，勝雅律注意到思想觀念演進中極其重要的漸進性和階段性，卻沒有談到另一個可能更重要，且直接關係到為什麼當時歐洲白人男性的思想觀念，會具有那樣一種局限性和階段性的時代背景。

以美國為中心來看那樣一個時代，我們恐怕應該從十五世紀末哥倫布發現新大陸開始，計算到十九世紀中葉美國在北美大陸的領土擴張基本完成。那是一個什麼樣的時代呢？從全球史的角度，這是一個歐洲崛起和工業革命開始的時代。但如果我們以「人人生而平等」說的提出，作為當今「政治正確」的一種出發點，並且是從美國史的角度看問題的話，我們或許應該把這個時代看成是一個伴隨著航海大發現而來的殘暴血腥的殖民狂潮與人文思想、理性啟蒙開始交互作用的時代；看成是歐洲主要國家從極端野蠻開始逐漸向現代文明過渡的時代，亦即是歐美社會從嚴重「政治不正確」開始曲折地向「政治正確」的方向發生轉變的時代。

這個時代的啟動，即是葡萄牙人和西班牙人最早發動的淘金、擴張和殖民潮，其野蠻暴力的背景源自於歐洲各國從十字軍東征到百年戰爭長期爭奪、兼併、擴張、混戰的歷史。無論是

【一】〔瑞士〕勝雅律，王長斌譯：〈從有限的人權概念到普遍的人權概念——人權的兩個階段〉，載沈宗靈、黃枬森主編：《西方人權學說（下）》（成都：四川人民出版社，一九九四年），頁二五六—二七二；〔英〕約翰．洛克著，瞿菊農、葉啟芳譯：《政府論（上篇）》（北京：商務印書館，一九九七年），頁五七。涉及美國早期政治話語中「人民」一詞涵義及其變化問題，可見李劍鳴：〈「人民」的定義與美國早期的國家構建〉，載《歷史研究》二〇〇九年第一期，頁一一〇—一三三。

【二】參見〔法〕皮埃爾—安德烈．塔吉耶夫著，高凌翰譯：《種族主義源流》（北京：生活．讀書．新知三聯書店，二〇〇五年），頁二—六；勝雅律：〈從有限的人權概念到普遍的人權概念——人權的兩個階段〉，載沈宗靈、黃枬森主編：《西方人權學說（下）》，頁二五六—二五七。

大航海的發動，還是新大陸的殖民，自始就是以向海外擴張領土、攫取財富為目的的。【一】緊隨其後的荷蘭人、法國人和英國人，同樣抱著征服、掠奪和擁有的熱望。即使洛克等啟蒙思想家，這時也一樣認定非洲、太平洋諸島嶼及美洲原住民統統是「野蠻的」，他們「既不懂得圈用土地」，自然也就不具有對土地、森林、河流、礦產等自然財富的財產權，任何人都可以加諸勞動而佔有之。【二】

為什麼在當年白人殖民者會視奪人土地財富並變人為奴為理所當然？就北美殖民地所發生的這場歷史悲劇，史書的解釋大體不外兩種。傳統美國通史，如丹尼爾·J·布爾斯廷（Daniel J. Boorstin）等人的著作，主要強調印第安人對遵守文明作戰規則的殖民者「斬盡殺絕」的一面；自由主義新左派的美國史著作，如霍華德·津恩（Howard Zinn）等人的書，則主要強調欺詐的殖民者對溫和善良的印第安人的掠奪和滅絕。【三】查各類史料，他們的講法也的確各有所據，且言之成理。

印第安人野蠻嗎？當然。但是，他們原本就生活在原始社會的水平上，對個體生命本無敬畏和尊重之心，且面對侵略者，自認捍衛自己族群生存之根基，只能你死我活。站在他們的角度，未必不能理解他們所以會野蠻。掌握著現代槍炮的殖民者真的把印第安人看成平等的對手，注意信守格勞秀斯（Hugo Grotius）主張的交戰規則嗎？非也。也不可能。這也是為什麼津恩等研究者很容易就能找到大量殖民者自己記述的劫掠、姦淫、殺戮印第安人的史料。那麼，這些自視開化、文明，且對自身財產權高度重視的英國殖民者，何以會無視原住民的財產權和基本生存需求，甚至必欲將對方「趕盡殺絕」呢？津恩的解釋是，他們對土地財富的渴求與「建立在財產私有制基礎上的」人的「虛偽和狡詐」兩相結合，在當時「那樣一個充滿了弱肉強食的競爭和衝突的歷史年代」，自然就變得兇殘起來了。【四】但是，這些必欲奪取北美大陸以創建「上帝之城」的盎格魯－撒克遜新教徒，在他們的母國或在歐洲就都那麼文質彬彬嗎？

有關歐洲殖民者的野蠻，十六世紀法國人文思想家米歇爾·德·蒙田（Michel de Montaigne）就非常不客氣地指出過。用他的話來說，歐洲人動輒稱美洲土著為「野蠻人」，殊不知那些所謂的「野蠻人」雖好勇尚武，依其風俗習慣可能還會把俘虜到的敵人殺死烤熟吃掉，但他們既不謀求擴張土地，也不貪戀他人的財富，因而不會像歐洲人那樣，為了尋求意

【一】哥倫布一四九三年首次成功發現美洲大陸後回航時寫給國內的信，就清楚地表明了他的目標所在：「佔領所有這些島嶼」，得到無盡的黃金、香料、棉花、紅木，「還有陛下們想要的奴隸」。轉見〔美〕斯塔夫里阿諾斯著，董書慧等譯：《全球通史（下）》（第七版）（北京：北京大學出版社，二〇〇五年），頁四〇七—七〇八。

【二】參見〔英〕約翰·洛克：《政府論（下篇）》，頁十九—二三；〔法〕伏爾泰著，王燕生譯：《哲學辭典》（北京：商務印書館，一九九一年），頁二八一、三一〇。

【三】〔美〕丹尼爾·J·布爾斯廷著，時殷弘等譯：《美國人：殖民地歷程》（上海：上海譯文出版社，二〇〇九年），頁五一—六四，三六九—三七四。

【四】〔美〕霍華德·津恩：《美國人民史》，頁十四。

外財富和土地而大肆掠奪、殺戮，更不會像歐洲人那樣絞盡腦汁地發明酷刑折磨活人來獲得快感。兩相比較，恐怕應該說歐洲人「在各方面都比他們更野蠻」。【一】

蒙田這裡所講的歐洲人更野蠻的種種表現，也並不是發現新大陸之後面對當地原住民才突然表現出來的。法蘭西斯．拉爾森（Frances Larson）的研究告訴我們，歐洲人的野蠻由來已久。以英國為例，縱使經歷了光榮革命，並產生了重視國民權利的《權利法案》，十七、十八世紀的英國依舊十分野蠻。英國革命聲名顯赫的領導人克倫威爾（Oliver Cromwell）將軍一六五八年死後被人掘墓並砍下頭顱示眾，之後在長達一兩百年時間裡還被一個又一個收藏家拿到名流雲集的宴會上去「娛樂嘉賓」。直至十九世紀末，英國一位頗為著名的收藏家，也是科學家和狩獵者，在參加非洲的一次救援遠征活動中，只是「為了替單調乏味的宿營生活製造點樂子」，就公然付錢給非洲士兵，「請他們在他面前殺害一名女孩，加以肢解，然後把她吃掉」。【二】

照理說，十七、十八世紀在歐洲已經發生了思想啟蒙運動，產生了一批重要的強調人文主義的思想家，但是，其社會風俗文化及其政治和刑法野蠻落後的情況仍舊十分普遍。從國王，到貴族，到商人，到大眾，整個社會的思想和觀念其實和發現新大陸以前並無多大差別，到處通行的都是弱肉強食的原則，鮮能見到雨果筆下的冉阿讓和駝背敲鐘人卡西莫多。以法國為例，當年大多數的人們不要說對海外「野蠻人」，就是對自己同胞的「生命權、自由權和追求幸福的權利」，都還沒有最起碼的憐憫、同情和尊重的意識。幾乎當著蒙田的面，法國在一五七二年就發生過一起天主教徒幾乎在一夜之間殺死了數千胡格諾派教徒的慘案，即史稱聖巴托羅繆大屠殺。時隔兩百年，法國乃至歐洲已經經歷了思想啟蒙運動的洗禮，一七八九至一七九三年法國爆發革命，揭出了「自由、平等、博愛」的旗號，然而社會人心的殘暴性絲毫未見改變，以至革命再度導致了一場異常血腥的大屠殺。成千上萬的平民及其婦女和兒童，連同國王、王后、公主、將軍、貴族等等，不僅被殘忍殺害，生前死後多半還遭受了極其不堪的公開淩辱，其殘酷性至今讀來仍令人髮指。【三】

【一】〔法〕蒙田著：〈論食人部落〉，載〔法〕蒙田著，潘麗珍等譯：《蒙田隨筆全集（上卷）》（南京：譯林出版社，一九九六年），頁二三四—二四〇；〔法〕蒙田著：〈論殘忍〉，載〔法〕蒙田著，潘麗珍等譯：《蒙田隨筆全集（中卷）》，頁一〇三—一〇六。

【二】〔英〕法蘭西斯·拉爾森著，徐麗松譯：《一顆頭顱的歷史》（臺北：馬可孛羅文化，二〇一六年），頁十八—二〇、五七—五八。

【三】參見〔法〕阿萊特·茹阿納著，梁爽譯：《聖巴托羅繆大屠殺：一樁國家罪行的謎團》（北京：北京大學出版社，二〇一五年）；〔法〕帕特里斯·葛尼斐著，韓偉華譯：〈法國大革命中的暴力與恐怖〉，載《學海》二〇一一年第二期，頁六九—七四。據法國學者馬丁·莫內斯蒂埃的統計，僅一七九二至一七九五年間被送上斷頭臺處死的人數就有2794人，還有2.5萬則是在此期間未經審判就被殺害的。已知其中有前貴族1278人，包括婦女750人，孩子41人，另外有神甫1135人，普通勞動者1467人，以及其他各種身份地位不明者萬餘人。見氏著，袁筱一等譯：《人類死刑大觀》（桂林：灕江出版社，一九九九年），頁三六〇。

北美移民的主要來源國英國表面上沒有發生過舉國性的大屠殺，但它自古以來就以嚴刑酷法著稱。其舊法典有種種殘酷刑罰規定，包括處死叛國者時必須在人活著的時候剜出心臟和其他內臟，扔到水裡煮之類。到了十六世紀亨利八世時，英國仍大興凌遲和火刑，並還發明了水煮活人的刑罰。每年各地累計公開處決人犯就多達七百多次。【一】直到十九世紀初，英國立法規定的死刑罪名還有二百二十三種之多，哪怕是砍下一棵裝飾用的灌木都可以被處以死刑。「倫敦在海德公園以北的泰伯恩每年會舉行八場公開處決」，僅在「一五三〇年至一六三〇年間，英格蘭就處死了七萬五千人」，年均七百五十人。【二】一八二二年就任內政部長的羅伯特·皮爾(Sir Robert Peel)就坦承：「這個國家比世界上任何一個國家的死刑執行次數要頻繁得多，刑法也嚴重得多。」【三】

自古以來當權者嗜血暴力之風，既是社會野蠻的反映，也會強化社會風氣的暴力化和人心的冷血。從法國聖托羅繆事件和法國大革命中的群眾性屠殺事件中都可以看到，「人民」或曰「普羅大眾」往往會表現得更加冷血和殘酷。以十九世紀初期的倫敦為例，「每當有人被處以絞刑，通常（都）會有五千人聚集觀看。而當著名重犯被處死時，圍觀民眾可能高達四萬甚至十萬人。」【四】一些有點錢的人還會花錢買前排的位置，帶著妻子，一面呷茶，一面欣賞犯人受死的經過。狄更斯還描述過那些擠不進人群卻一樣熱衷於看殺人的平民婦女，稱她們一邊打著毛線，一邊在外圍緊張地豎著耳朵聽人頭落地的聲音：「二十二」、「二十三」……。不少圍觀者還不只是為感受刺激，他（她）們要在人犯死後第一時間去觸碰死人的肢體，甚或擠到跟前去蘸死者的血，以求健康長壽。英國有研究者告訴我們，在倫敦，這種冷血殘忍的圍觀風要到十九世紀中期公開處決大幅減少，人權觀念在民眾中多少開始發生影響後，才逐漸有所改變。【五】

【一】〔法〕馬丁．莫內斯蒂埃：《人類死刑大觀》，頁一〇九、一六〇、三二五—三二六。

【二】〔美〕查爾斯．曼恩著，陳信宏譯：《1491：重寫哥倫布前的美洲歷史》（臺北：衛城出版，二〇一七年），頁八六、一六七—一六八；〔英〕凱倫．法林頓著，陳麗紅等譯：《刑罰的歷史》（北京：希望出版社，二〇〇三年），頁一五五。

【三】羅伯特．皮爾任上大幅進行了司法改革，一舉減少了一百多種死刑罪名。已知一八〇〇至一八三四年，英國被判死刑的人數年均約 852 人，但 91% 最後被赦免；一八三五至一八六四年被判死刑者大幅下降到年均一百人左右，仍有 90.54% 被赦免；到世紀末被判死刑的數字更降至年均不足 26 人，仍有 46% 被赦免。〔英〕凱倫．法林頓：《刑罰的歷史》，頁一六四；陸偉芳：〈從野蠻殘酷走向文明人道——19 世紀英國刑罰的變遷軌跡〉，載《學習與探索》二〇一四年第五期，頁一四二—一四六。

【四】〔英〕法蘭西斯．拉爾森：《一顆頭顱的歷史》，頁一一九。

【五】轉見陸偉芳：〈從野蠻殘酷走向文明人道——19 世紀英國刑罰的變遷軌跡〉，頁一四二—一四六；〔英〕凱倫．法林頓：《刑罰的歷史》，頁一七一、一七四—一七七；〔英〕狄更斯著，石永禮等譯：《雙城記》（北京：人民文學出版社，二〇〇四年），頁三二三—三二七。並可參見 Louise Noble, *Medicinal Cannibalism in Early Modern English Literature and Culture*, London: Macmillan Publishers Ltd., 2011; Richard Sugg, *Mummies, Cannibals and Vampires: The History of Corpse Medicine from the Renaissance to the Victorians*, London: Routledge, 2011.

由此不難想像，那些在十七、十八世紀，或不堪宗教壓迫，或迫於生計艱難，或為追求財富，不惜九死一生到北美來尋找出路的英國殖民者，不論是紳士，還是勞力者，他們與自己母國乃至歐洲的同胞又會有多大區別呢？【一】要知道，這些殖民者及其後代的生活環境更惡劣，生命財產所受威脅也大得多。一方面，他們必須聯合起來才能強大。另一方面，他們必須與不怕死的原住民，甚至與同樣擁有現代武器的荷蘭人、法國人、西班牙人去爭奪土地；必須武裝起來反抗英王及其軍隊；必須制服動輒造反且同樣握有武器的白人契約奴；還要想方設法馴服幾十萬上百萬黑奴，使之無條件地為自己勞作，這還不包括教派之間的壓迫、衝突和對內部異己力量的壓迫與驅逐……種種「險惡不堪的生活」條件，都會使殖民地走向集權和強力，尤其離不開嚴刑峻法。【二】這也是為什麼，早期殖民地基本上都是「寡頭統治」，居民擁有槍支更是不可剝奪的權利，而各殖民地實體刑法除了搬用母國英國的外，一些罪名及刑罰甚至比當時英國的刑法還要繁苛和嚴酷。【三】托克維爾（Charles Alexis de Tocqueville）在美國獨立後遊歷北美，對英國殖民地初期的一些刑法典仍舊深惡痛絕，稱它們簡直就是「一個粗野和半開化的民族的立法」，繁多的死刑罪名和種種偏頗且極端的懲罰規定，實在是「有辱於人類的理性」。【四】

這樣的情況於殖民地穩固後逐漸有所改變。進至十九世紀初後，北方殖民地改變較明顯，而南部蓄奴州卻迫於維護奴隸制的需要變化不多，並且還增加了不少專門針對奴隸的刑罰罪名。南北戰爭前後，南方州又相應地制定了各種用以取代奴隸制法律的所謂「黑人法典」，並且發展出與聯邦刑事司法制度相背離的私刑法律和保安運動。僅此兩類運動在一七七九至一七八〇年就傷害了將近六千人之多。【五】而被馬克・吐溫（Mark Twain）驚呼為「噬血狂行」【六】

【一】據不完全統計，從英格蘭至少運送了七千餘人到弗吉尼亞，倖存者不足千人，「十個人中就有八個死去」。〔美〕查爾斯・曼恩著，朱菲等譯：《物種大交換：開創的世界史》（北京：中信出版社，二〇一六年），頁七二—七四。

【二】早期殖民地的「法律」不少「是仿效軍法而來」。最早的戴爾法典（Dale's code）即稱為「神性、道德與軍事的法律」。見〔美〕勞倫斯・傅利曼著，劉宏恩等譯：《美國法律史》（臺北：聯經出版事業股份有限公司，二〇一六年），頁四七、五六—五七。

【三】殖民地刑法之嚴酷可參見勞倫斯・傅利曼前引書第一部分「刑事法」目下的一些舉證（頁八四—八六）。並可參見何勤華等主編：《西方刑法史》（北京：北京大學出版社，二〇〇六年），頁三四九—三五二；楊真：《基督教史綱》（北京：生活・讀書・新知三聯書店，一九七九年），頁五一三—五一四；等等。

【四】〔法〕托克維爾著，董果良譯：《論美國的民主（上）》（北京：商務印書館，一九九一年），頁四一—四三。

【五】有英國學者認為，移居美國的英國殖民者當年別出心裁製造出種種虐待人犯，特別是傷害奴隸的法律和刑罰，是「英格蘭遙遠回憶裡最不光彩的一頁」。〔英〕凱倫・法林頓：《刑罰的歷史》，頁一一九、一二〇—一二三頁；何勤華：《西方刑法史》，頁三五七—三六一、三六二—三六四。

【六】林肯在一八三七年的講演中就憤怒地揭露並譴責過密西西比州及聖路易斯當年私刑氾濫的恐怖，稱全州不僅到處都有黑人被抓住並吊死，而且一些被認為與黑人有勾結的白人也被吊死，甚至從鄰近州去辦事的外地人也會被吊死，其數目之多，「幾乎每條路邊觸目皆是掛在樹枝上的死人」。〔美〕亞伯拉罕・林肯：〈1837年1月27日對伊利諾斯州斯普林菲爾德青年學會的演說〉，載《林肯選集》，頁四—五；〔美〕馬克・吐溫著，陳周方譯：〈使用私刑的合眾國〉，載《吉首大學學報（社會科學版）》一九八三年第一期，頁一八六—一九〇。

的私刑處罰，在一些州還在事實上具有了半合法性質，因而得以長期延續。【一】

由此可以很清楚地看出，北美殖民地一直到美國建國後，其奴隸制的形成，以及種族主義的氾濫，不過是那個叢林時代的產物，是從弱肉強食的社會觀念和與其相適應的社會關係中生長出來的，更是伴隨著西歐以暴力求暴利的海外淘金潮、殖民潮和資本原始積累一同發展起來的。殖民者與印第安人的衝突根本上是因為前者佔據和奪取後者土地等資源引起的，所謂「那裡的原住民尚未文明開化……與野外的動物差不多」，說到底不過是自古以來強權者奪佔所謂「蠻族」土地財產風氣的一種延續。【二】英國殖民者與荷、法、西殖民者，乃至與母國之間並不存在是「人」不是「人」，或者是文明人還是野蠻人的問題，但他們在北美大陸照樣會因爭地和奪利大打出手，充其量只是會受到歐洲通行的戰爭規則的束縛而已。【三】

北美奴隸制及其種族化的發生與形成，也是和殖民者逐利的動機緊密聯繫在一起的。奪取土地和找人耕種是多數殖民者在北美求生的必由之路，因此役使奴隸早就成了他們的一種選擇。【四】但是，殖民者十八世紀以前主要役使的還是從英國引入的大批白人契約奴和本地的印第安人。一七〇〇年以前，弗吉尼亞當時十萬人中就有一半以上是被強制勞役幾年的年輕「白奴」。一六七〇至一七一五年間，英國奴隸販子還在從北美往外販賣印第安奴隸，據說數量多達三至五萬。到美國建國前夕，羅德島印第安人三分之一也已被殖民者役使為奴了。只是十七世紀末以後英國使用黑奴合法化，開始有奴隸販子向北美大批販賣黑奴，役使黑奴才流行起來。因為英國殖民者們很快發現，與多不馴服且容易逃跑的印第安人和白人契約奴相比，黑奴因其皮膚顏色明顯，又來自非洲，管理起來更便利，特別是在經濟上使用黑奴的費用也便宜得

【一】莫里森寫道：在南方，「從一八八五年算起，十五年內約共有二千五百名黑人被私刑處死。」但很明顯的一點是，南北戰爭後私刑殺人最初仍是白人殺白人多。據已有統計，私刑殺害白人和黑人的比例變化為：一八八二至一八八五年 411 比 227；一八八六至一八九〇年 296 比 392；一八九一至一九〇〇年 367 比 1132。直至一九三〇年代中期以後，才較少看到私刑殺害白人的情況，參見吳飛：〈從宗教衝突到宗教自由——美國宗教自由政策的誕生過程〉，載《北京大學學報（哲學社會科學版）》二〇〇六年第五期，頁四〇—四六；〔美〕塞繆爾·埃利奧特·莫里森著等著，南開大學歷史系史研究室譯：《美利堅共和國的成長（上）》（天津：天津人民出版社，一九九〇年），頁三五五。

【二】最初英國弗吉尼亞公司並不在意印第安原住民會怎麼想，反而更擔心早就宣稱對北美大陸據有開拓權的西班牙人。參見〔美〕威廉·布拉福德著，吳丹青譯：《普利茅斯開拓史》（南昌：江西人民出版社，二〇一〇年），頁二四；〔美〕查爾斯·曼恩：《物種大交換：開創的世界史》，頁六七。

【三】華盛頓等美國國父們，及其殖民地軍官和多數殖民者與英國在土地、稅收等經濟利益方面的矛盾衝突，明顯地是導致他們決心獨立的主要原因，參見〔美〕約瑟夫·J·埃利斯：《華盛頓傳》，頁五二—八四；何順果：《美國邊疆史——西部開發模式研究》（北京：北京大學出版社，二〇一五年），頁二〇—二一、二二—二九；等等。

【四】早先湧到北美來的幾批英國殖民者上千人中，很多是求財心切的紳士、商販及其侍從，因為不會耕作亦不懂捕魚竟至大批餓死。見〔美〕查爾斯·比爾德等著，許亞芬譯：《美國文明的興起》（北京：商務印書館，一九九一年），頁五〇—五一；〔美〕查爾斯·曼恩：《物種大交換：開創的世界史》，頁七一—七三。

多。【一】

在人類從野蠻到文明的發展進程中，北美開拓史，也包括新大陸發現後整個歐洲殖民史，很大程度上都再現了人類歷史上更野蠻而不是更文明的一面。用一位美國評論家的話來説，自視為「上帝的使者」的盎格魯—撒克遜新教白人開拓者，一開始就是以《舊約》中奪取迦南地的猶太人為榜樣，志在「征服這片土地，擁有這片土地」的。【二】但可以肯定，北美英國殖民運動再野蠻、再血腥，也還是新大陸發現後整個歐洲早期資本原始積累的一個組成部分，與葡萄牙、西班牙、荷蘭、法國殖民者相比，充其量也就是五十步與百步之別。同樣，十七、十八世紀歐洲社會、經濟、思想、政治、法制等各方面的變化，也不可避免地會直接間接地影響到北美。因此，就像威廉·J·本內特（William J. Bennett）所説的，美國歷史上是發生過許多暴行，但它同時也持續地向「政治正確」的方向在發生改變。【三】僅以平權問題為例，美國起步或較母國英國略遲，但其建國後政治法律前行的方向，與歐洲各國仍是一致的，而且在有些方面它還走在了前面。比如，與歐美國家相比，美國是世界上最早確立民主選舉制度和通過選舉創立共和政府的，是最早取消選民財產資格規定及納稅規定的，也是較早給予婦女以投票權的。美國不如一些歐美國家之處，主要是廢除奴隸制問題，以及實際給予包括黑人、印第安人在內的有色人種和少數民族平等政治權利問題，包括承認窮人享有社會福利權，承認勞工權利，以及承認工會組織權等問題。【四】

六、如何看待歷史人物的「歷史問題」？

比較半個世紀以來美國傳統的主流歷史敘事和如今因強調平等原則而被視為自由主義新左派的歷史敘事，可以清楚地看出兩者本質上都主張自由主義，而事實上前者更多著眼於國家，後者更多著眼於社會；前者更強調自由的理想，後者更重視平等的現實；前者相信自由重於平

【一】參見〔美〕查爾斯．曼恩：《物種大交換：開創的世界史》，頁九一、一〇九——一一八；〔西班牙〕巴托洛梅．德拉斯．卡薩斯：《關於哥倫布遺產的兩種解讀》，一五四二、一五五〇年，轉見〔美〕霍華德．津恩：《另一半美國史》，頁七——十四；〔美〕查爾斯．曼恩：《1491：重寫哥倫布前的美洲歷史》，頁一八〇；〔美〕斯坦利．L．恩格爾曼、〔美〕羅伯特．E．高爾曼主編：《劍橋美國經濟史》第一卷（北京：中國人民大學出版社，二〇〇八年），頁一五、一七、一八、二〇——二一、二二——二三、二四、二五——二九；楊真：《基督教史綱》（北京：生活．讀書．新知三聯書店，一九七九年），頁五〇五——五〇六、五〇七——五〇九。

【二】轉見〔美〕沃爾特．拉塞爾．米德著，涂怡超等譯：《上帝與黃金：英國、美國與現代世界的形成》（北京：社會科學文獻出版社，二〇一四年），頁六八。

【三】〔美〕威廉．J．本內特：《美國通史》，序言頁一——五。

【四】參見〔美〕托馬斯．雅諾斯基著，柯雄譯：《公民與文明社會》（瀋陽：遼寧教育出版社，二〇〇〇年），表7.5、7.6、7.7、7.8，頁二四八——二四九、二五〇——二五一、二五二——二五三、二五四——二五五；美國國務院國際信息局：〈人民的權利——個人自由與權利法案〉，http://usinfo.state.gov；范偉：〈美國公民選舉權的歷史演進〉，載《改革與開放》二〇一四年第二十一期，頁四二——四三。

等，後者認為沒有平等就沒有自由。而由前述亦可瞭解，美國從「政治不正確」到「政治正確」的歷史發展進程，走的恰恰是先國家、後社會，先自由、後平等，迄今仍在曲折前行的一條路。按照林肯的説法，這原本就是國父們有意識的政治設計和制度安排。許多專家學者長期以來也都如此認為。如米爾頓·弗里德曼（Milton Friedman）就明確認為：「美國的大部分歷史，都圍繞著《獨立宣言》中的原則和理念而展開，是努力將這些原則和理念付諸實踐的歷史。」「從廢除奴隸制的鬥爭（打了一場血腥的內戰才解決這一問題）到追求機會平等，再到近來的追求結果平等，都反映了這種努力。」【一】

但自由主義新左派史家顯然無法認同此説。因為，他們看不出，主張「人人生而平等」的國父們，為什麼一面提出平等的原則和理念，一面卻公然役使奴隸、傷害原住民、歧視婦女，甚至宣揚種種人與人不平等的言論。如果他們並不相信自己寫在《獨立宣言》上的話，那就是赤裸裸的欺騙；如果他們相信自己寫的話，只是因為無法抗拒地位和生活的誘惑，結果也還是欺騙——自欺欺人。【二】

歷史之弔詭也莫甚於此，古人説的與做的常常大相徑庭，導致後人對古人的看法及評價往往歧義橫生。然而造成這一現象發生的原因多半可能並非古人之錯。同樣實行奴隸制，古羅馬皇帝馬可·奧勒留（Marcus Aurelius）也講「一視同仁」、「權利平等」、「言論自由」等等【三】，卻鮮見有人斥之虛偽；而既役使黑奴又講「人人生而平等」的美國國父，就難逃脫被譴責的命運。今人對距今兩千年前的古人和距今兩三百年前的古人，政治敏感度明顯大不相同，因而情感立場也大不一樣。對於眾多普通美國人來說，他們父祖之輩蒙受的苦難和屈辱仍舊記憶猶新，何況美國國父一代人與歐洲啟蒙思想運動所處時代幾乎同步，其後的法國革命就發佈了廢除奴隸制的法令，為何美國國父們要堅持奴隸制？因此，即使在一些專業史家看來，國父們在那個時代提出了「人人生而平等」的原則卻不去做，本身就是嚴重的「政治不正確」。

問題是，從前面梳理半個世紀以來美國「改寫歷史」風波起伏的經過，特別是美國開國元勳祖輩們生長的歐洲那個時代的大環境、大背景，可以很清楚地看出，當今通行於歐美主流社會的「政治正確」觀念，即使在最近三四百年時間裡，也始終處在一個緩慢漸進且曲折變化的過程中。以往的美國人之所以將華盛頓、傑斐遜等尊稱為「國父」，根本之點在於他們勇於革

【一】〔美〕米爾頓·弗里德曼（Milton Friedman）著，張琦譯：《自由選擇》導言（北京：機械工業出版社，二〇〇八年），頁三。

【二】〔美〕霍華德·津恩：《美國人民史》，頁六一；〔美〕霍華德·津恩等：《另一半美國史：民主進程中被掩蓋的聲音》，頁五三。更尖銳的批判可閱 Sean Wilentz, "Life, Liberty, and the Pursuit of Thomas Jefferson: How a Slaveholder and Ideologue Was Also a Great Democrat", *New Republic*, March 10, 1997, https://newrepublic.com/article/63323/life-liberty-and-the-pursuit-thomas-jefferson.

【三】〔古羅馬〕馬可·奧勒留：《沉思錄（英文）》（瀋陽：遼寧人民出版社，二〇一四年），頁四—五。

命並成功地創建了美國這個國家。造成觀念上混淆的一個重要原因，是後人把國父們當年主要用來向母國英國要求自由平等權利的鬥爭口號，等同為一種普世性原則，將提出這些口號和主張的國父們，視同人權平等之父，一併神聖化、道德化了。實際上，就像美國著名歷史學家及傳記作家斯蒂芬·E·安布羅斯（Stephen E. Ambrose）在去世前強調過的那樣，一切人都生活和思想在特定的「時空」之中，沒有人能夠完全擺脫自己所處「時空」的局限。【】從史學研究的角度，我們尤其應該注意到，這種「時空」始終都是在變動的，而處於不同「時空」條件下的人們，他們對很多問題的看法和觀念，必定會有很大的差異。從美國建國的角度，理當可以視華盛頓、傑斐遜等人為「國父」，但從今人理解的「人人生而平等」的價值觀的角度，他們恐怕就只能算是人類社會平等觀形成過程中某一特定時期的代表，斷難將他們看成人權平等之父。

關於人類社會平等觀形成的漸進性，我們不妨微略比較一下約翰·溫斯羅普（John Winthrop）、傑斐遜和林肯三人對「人人生而平等」這一主張或原則的看法，以瞭解處於美國建國前後一段時間裡的幾位歷史人物，在這一問題上思想觀念是怎樣變化的。

所以要舉溫斯羅普為例，一是因為他是北美早期英國移民最重要的一位代表，曾經是新英格蘭清教移民領袖，幾度擔任過馬薩諸塞灣區殖民地總督或副總督之職。一些學者明確認為他對美國建國的貢獻不亞於華盛頓、傑斐遜等人，實為北美的摩西，理當被尊為國父。他們舉出的理由是：第一，他是最早提出使命論和「美國夢」的人，早在一六三〇年他就提出要把北美殖民事業看成上帝交給的使命，號召教徒們齊心協力，把殖民地建成光照世界的「山巔之城」（City upon a hill）。【二】第二，在他的主導下，馬薩諸塞灣區殖民地先於母國英國實行了官員民選和民主自治。第三，他成功地領導灣區走出早期開拓的重重困境，從而為英國殖民者進一步殖民整個新英格蘭地區，包括為日後獨立建國，打下了堅實基礎。【三】

但是，無論從任何角度看，溫斯羅普都不是平等思想的提倡者。他除了否認印第安原住民的土地權利、否認婦女的權利地位，並贊同役使奴隸【四】外，還公開從原則上宣揚社會不平等

【一】Stephen E. Ambrose, *To America: Personal Reflections of an Historian*, New York: Simon & Schuster, 2002, p. 2. 一些學者也表達過類似的看法，如「即使偉人也只是他們時代的產物」等。〔美〕詹姆斯·韋斯特·戴維斯著，曾毅譯：《耶魯美國小歷史》（北京：中信出版集團，二〇一七年），頁一三六—一三九。

【二】原詞出自《馬太福音》第五章第十四節：「你們是世上的光，城造在山上是不能隱藏的。」

【三】Francis J. Bremer, *John Winthrop: America's Forgotten Founding Father*, London: Oxford University Press, 2003, pp. 178-181, 209-211, 347；錢滿素主編：《紳士謀國：美國締造者》（北京：東方出版社，二〇一八年，頁二四—二七；李翠雲：《美利堅文明的開拓者：約翰·溫思羅普研究》（呼和浩特：內蒙古大學出版社，二〇〇八年），頁一三四—一四〇、一四六—一六五、一七二—一八四、三一八—三二一。

【四】馬薩諸塞灣區殖民地一六四一年頒佈的法規第九十一款就規定，戰俘及經販賣交易得來，或「自願」者，可役使為奴。*The Massachusetts Body of Liberties*, 1641, https://history.hanover.edu/texts/masslib.html.

的合理性。他宣稱：世間有人貧窮、有人富裕，有人高貴、有人卑微，這是「全能的上帝」的「安排」，世人理當遵從上帝的旨意友愛互助。【一】他主管下的灣區殖民地，對異教徒，包括對天主教以及新教不同教派，乃至對本教派中非正統人士，均持打壓、驅逐，甚至刑罰的做法。而他對婦女的歧視態度，也較一百多年後傑斐遜時代的開國元勳們來說要赤裸裸得多。【二】這種情況顯然與溫斯羅普生長活動的時空環境有著密切的關係。他比克倫威爾還要早生約十年時間，他移民北美之初，英、法啟蒙思想家均未成長起來。而他的出身、階級、所受貴族教育，以及多年做英國王室監護權法庭律師的經歷等等，都決定了他當年是不會認同哪怕只是形式上的「人人生而平等」這類提法的。

傑斐遜所以不同於溫斯羅普，一方面是因為他晚出生了一百五十五年，北美殖民地上百年來自治、民主、共和的社會政治實踐已經成形；另一方面他已經有條件閱讀英國弗朗西斯·培根（Francis Bacon）、約翰·洛克等人的著述，因而在思想上傾向自由、民主和理性。在殖民地與英國因印花稅劍拔弩張時，英、法思想啟蒙運動已經波及北美，齊集費城的大陸會議代表中不少人當時都從約翰·洛克、大衛·休謨（David Hume）以及孟德斯鳩（Montesquieu）、伏爾泰（Voltaire），甚至是盧梭（Jean-Jacques Rousseau）的人權自由平等主張【三】中受到啟發。與傑斐遜一同作為弗吉尼亞代表與會的喬治·梅森（George Mason），還剛剛參考英國一六八九年《權利法案》，並吸收了英法啟蒙思想家們關於「人人生而平等」和人的「自然權利」

不可剝奪的主張，起草了《弗吉尼亞權利宣言》。【四】而這時來自英國的托馬斯・潘恩（Thomas Paine）所著極具煽動性的《常識》一書，更是在思想上給了傑斐遜等人以極大的刺激和鼓舞。阿克頓就認為，「傑斐遜在撰寫《獨立宣言》時，便傾心於和盧梭及潘恩相似的觀點，在抽象的人權中尋求自由的來源。」【五】無論如何，《獨立宣言》及它向世人所宣告的「人人生而平等」的信條，以及它關於人們只是因為要確保自己的權利不被侵犯才建立政府，「任何形式的政府，一旦破壞了上述目的，人民便有權利予以改變或廢除，並建立一個新的政府」的政治主

【一】John Winthrop, "A Model of Christian Charity, 1630", in *Collections of the Massachusetts Historical Society*, Boston: Society, 1838, p. 38, See https://history.hanover.edu/texts/winthmod.html.

【二】楊迎潤：《試析約翰・溫斯羅普清教思想的轉變（1630-1549）》，北京外國語大學碩士學位論文，二〇一五年，頁一五—五六；李翠雲：《美利堅文明的開拓者：約翰・溫思羅普研究》，頁三二一；〔美〕蒂莫西・D・霍爾著，顧曉芳等譯：《安妮・哈欽森：清教徒的先知》（上海：上海社會科學出版社，二〇一七年），頁二三七—二五一；李劍鳴：《美國通史（第一卷）：美國奠基時代（1585—1775）》（北京：人民出版社，二〇〇二年），頁一二二—一二三。

【三】這裡強調「主張」，是因為十七、十八世紀英法啟蒙思想家在人權自由平等問題上的思想觀點並不一致，這時北美各殖民地的代表們更是未必能接受盧梭在這方面的思想。

【四】Stephanie Schwartz Driver 著，王建華譯：《獨立宣言——改變世界的宣言》（香港：三聯書店（香港）有限公司，二〇〇五年），頁三九—四一。

【五】〔英〕阿克頓著，侯健等譯：《自由與權力——阿克頓勳爵論說文集》（北京：商務印書館，二〇〇一年），頁一四九。

張，【一】顯而易見既從各殖民地民主自治的實踐中取得了政治資本，又從歐洲啟蒙思想家那裡得到了理論上的支撐。

但是，傑斐遜等人筆下的那個「人人生而平等」的概念，與今人理解的相同嗎？不。傑斐遜在起草《獨立宣言》稿十年前就繼承了數千英畝土地和幾十名黑奴，這時出入動輒乘坐由四匹馬拉動的四輪敞篷馬車，並有奴隸隨行。【二】他如何可能相信我們今人所理解的「人人生而平等」呢？《獨立宣言》雖然用的是「人人生而平等」一語，但它第一是針對英王的專制壓迫而言；第二其「人人」一詞，用的不是「一切人」，即「all people」，而是「all men」，即「所有男人」。而這顯然也是所有參加大陸會議的代表們大家一致認同的，因為在那個時代所有享有政治權利的人們看來，這是理所當然的事情。實際上《獨立宣言》中對「人」的這種認定，沿襲的也是殖民地正在實施的法典，如一六四一年制定的《馬薩諸塞自由法》中的認定。【三】馬塞諸塞等殖民地法典的這種認定，又是來自於歐洲，且基本還是英國一四二九年第一部選舉法的規定，即只有擁有自由民身份並有一定財產或有繳稅資格的（盎格魯—撒克遜）男性，才擁有選舉權。【四】不要說傑斐遜等開國元勳基本上還都是北美英國殖民地精英階層和富裕階層的代言人，就是十幾年後幾乎是以無套褲漢為主力的法國大革命，它的《人權宣言》也一樣宣告，平等的權利只屬於「man」或「men」，而不屬於「all people」。【五】

從這裡當不難看出時代大環境、大背景的局限對歷史中人起著怎樣的作用。國父們之所以會發出「人人生而平等」這一「最響亮的爭取自由的呼聲」，實為時代使然；他們之所以只相信盎格魯—撒克遜有財產能納稅的白人男性才是那個享有「生命權、自由權和追求幸福的權利」的「人人」，也是時代使然。在一七七六年仍舊基本依賴於農業的北美十三塊殖民地，並不是，也不可能是人類社會自由、平等、人權思想最適合的滋生地。但是，這些有著強烈的自由訴求並初步實現了區域性民主自治的殖民者，為了擺脫英國的殖民統治，恰好從英國啟蒙思想家約翰·洛克等人的著作中找到了可以用來反抗英王威權的思想理論依據。唯一讓他們感到有些尷尬的就是，洛克闡述天賦人權的意義並抨擊專制，一個重要的出發點，就是反對當時在

【一】《美利堅合眾國十三個州一致通過的宣言》，一七七六年七月四日，載 Stephanie Schwartz Driver：《獨立宣言——改變世界的宣言》，頁五七。

【二】〔英〕約瑟夫·L·埃利斯著，熊鈺譯：《革命之夏：美國獨立的起源》（北京：社會科學文獻出版社，二〇一六年），頁七七。

【三】《馬薩諸塞自由法》中所講的「人」均指「自由人」（free-men），類似於希臘城邦公民的概念，只包括享有參政權利的男性（man 或 men），婦女、窮人、奴隸和外國人不在其中。泛指包括女性或其他沒有權利但居住在當地之人時，則用 person（或 Inhabitant）。見 *The Massachusetts Body of Liberties*, 1641, https://history.hanover.edu/texts/masslib.html.

【四】一六二九年馬薩諸塞灣區特許令亦曾指明 men 是指 all the freemen。轉見〔美〕勞倫斯·傅利曼：《美國法律史》，頁五三。

【五】*Declaration of the Rights of Man and of the Citizen* (1789), 載劉復之主編：《人權大辭典》（武漢：武漢大學出版社，一九九三年），頁八四九—八五一。

英國存在的奴隸制度。【一】

注意到這一矛盾現象，特別是注意到當時整個歐洲仍舊只把白人男性，而且多半是有財產的白人男性視為「人」的情況，我們也就不難看出這一擾亂當今美國人神經的「悖論」之問題所在了。多半是奴隸主的國父們相信「人人生而平等」指的是他們這些有財產的白人男性大家都享有平等的權利，而且有權自治自立甚至另立政府。與此同時，因信奉洛克等人的思想為武器，理智上也就無法否認洛克對奴隸制的譴責有其正當性。這也是為什麼傑斐遜會在《獨立宣言》的初稿中寫上了譴責奴隸制的言論，以及他、華盛頓和諸多開國元勳其後也都曾在私下或公開表達過不贊成奴隸制的看法的重要原因。但是，這並不等於說，美國開國元勳們對貧富、貴賤、男女，以及宗教、種族差異的看法，與溫斯羅普一代人相比已經有了明顯的改變。事實上，他們多數人不僅沒有做好廢除奴隸制的思想準備，而且理智上也不認同貧富、貴賤、男女及宗教、種族一律平等的觀念。這也是為什麼，美國革命遠不如法國革命激進，【二】其《獨立宣言》中所宣告的平等原則甚至沒能寫進《美國憲法》。它不僅沒有像法國大革命那樣宣告廢除奴隸制，而且其革命後對印第安人的掠奪、驅逐和戰爭還因巴黎和約而更加擴大並更加暴力化了……【三】即使是獨立後的美國於一七九一年補充通過了旨在保障「公民」權利的「權利法案」，規定「公民」享有宗教、言論、出版、集會等自由權，但有幸成為「公民」的白人男性很長時期在許多方面也未必真能享受到這些自由。比如，在獨立戰爭和美國建國過程中影響極大的潘恩，就因為著書批評了基督教，便一下子成了獨立後美國人民的「公敵」。開國元勳們避之唯恐不及，其出行、住宿甚至都會遭人故意為難。潘恩一八〇九年去世時，幾乎連送葬的人都沒有。下葬後據說連屍骨也被人掘走，不知去向。【四】

從美國獨立建國，到林肯出任總統，一戰而廢除奴隸制，中間又隔了八九十年時間。可以肯定的一點是，林肯及其所處的時代和環境，特別是在奴隸制問題上又大不同於傑斐遜一代人活著的時候了。一八〇八年一月一日，英國廢除奴隸貿易法正式生效。在英國民眾的強大壓力下，為真正禁止奴隸貿易，英國政府持續展開了廢奴外交，迫使多數歐美國家逐步承諾停止奴隸貿易。一八三三年八月，英國議會正式通過了《廢除奴隸制法案》，一八四八年法國臨時

【一】《政府論》第一章第一句話便是：「奴隸制是一種可惡而悲慘的人類狀態，它同我們民族的寬宏性與英勇氣概那樣直接相反，以致難以想象，一個『英國人』——更不用說一個『紳士』——竟會替它辯護。」〔英〕約翰．洛克：《政府論（上）》，頁三—四。

【二】法國革命期間不僅取消了對公民資格的財產規定，而且還宣告廢除所有法國本土及法國殖民地境內的奴隸制。

【三】一七八三年美英在巴黎簽訂和約，雙方在並未得到包括印第安人在內的任何一方授權的情況下，便在和約第二款中規定：英國同意將密西西比河以東地區都劃歸獨立的美國所有。見 *The Definitive Treaty of Peace*, 1783，http://avalon.law.yale.edu/18th_century/paris.asp.

【四】參見朱學勤：〈兩個世界的英雄：托馬斯．潘恩〉，載《河南大學學報（哲學社會科學版）》一九八七年第一期，頁九二—一〇一；〔英〕伯里著，宋桂煌譯：《思想自由史》（長春：吉林人民出版社，一九九九年），頁八九—九二。

政府亦宣佈廢除法屬殖民地的奴隸制度。這些都極大地推動了美國廢奴運動的興起。一八三三年全國性的反奴隸制協會宣告成立，到一八三八年已發展到 1350 個分會，25 萬會員。僅一八三七至一八三八年一年間，全國協會就出版了 7877 部書，47250 份小冊子及文章，和 10490 份印刷品。各協會反奴隸制刊物，如《奴隸之友》兩年出版了 3.1 萬份，《人權》出版了 18.94 萬份，《釋奴者》出版了 21.7 萬份。此外各地還出版有一百多種反奴隸制報紙。【一】所有這些，都構成了林肯成長為美國廢除奴隸制總統的重大時代背景。

林肯走上反對奴隸制道路自然也有其個人原因，比如，他出身貧苦，年輕時即看不慣黑人被鐵鏈鎖、被皮鞭打，【二】以及他對《獨立宣言》中「人人生而平等」中 all men 的理解，幾乎從來就認為是指所有成年男性，不分種族、宗教和國籍。因此，他對奴隸制的批評並不純粹是個人感性的，而是建立在「黑人是人」、「一切人生來平等」是美國建國基本理念這一理性認識基礎上的。不論傑斐遜們當初寫下「人人生而平等」那段名言時，是否把黑人包括在內，隨著林肯所代表的新共和黨人與南方奴隸主們的矛盾衝突越來越尖銳，他在一八五四年以後終於清楚地注意到這一寫在《獨立宣言》上的政治原則所具有的重要政治意義，因而也越來越頻繁地開始援引這一名言，並且宣稱：「我們的父輩」當年就是主張「一切人平等」的。【三】他對美國建國後沒有踐行「一切人平等」，反而不斷擴大奴隸制的範圍和排斥外國移民的情況，也深表不滿。還在他當選總統及南北戰爭爆發六年前，他就在一封私信中氣憤地聲稱：多年來，美國正在被「白人中的一群敗類」引向墮落。「建國之初，我們宣稱『一切人生來平等』。如今我們實際上把它讀成『一切人生來平等，但黑人除外』。當無所知黨【四】人掌權時，將會讀成『一切人生來平等，但黑人、外國人和天主教徒除外』。如果真的到了這個地步，我寧可移居到一個不自詡熱愛自由的國家去」。【五】正是因為具有這樣一種思想及情感，當他成為美國總統，並受到南方奴隸主用分裂國家的方式來挑戰其代表的聯邦政府權力時，他才有可能憤然走到訴諸戰爭和廢除奴隸制的地步。

【一】轉見蘇世強：《英國廢奴運動》，河南大學研究生碩士學位論文，二〇〇九年，頁二八—三五；李青：〈美國廢奴運動的形成及其主要派別〉，載《杭州師範學院學報》一九九〇年第二期，頁三七。

【二】見〔美〕亞伯拉罕·林肯：〈給喬舒亞·斯皮特的信〉，一八五五年八月二十四日，載《林肯選集》，頁六九—七〇。

【三】「我們的父輩」，林肯著名的葛底斯堡演講的開篇語，這裡使用的是劉軍等譯的威廉·J·本內特《美國通史（上）》第三百一十三頁的譯文。〔美〕埃里克·方納著，于留振譯：《烈火中的考驗——亞伯拉罕·林肯與美國奴隸制》（北京：商務印書館，二〇一七年），頁八三—八五。

【四】即一無所知黨（Know-Nothing Party），以反對愛爾蘭裔、德裔等外國移民，保護本土文化為主張，曾經一度改組為美國人黨（American Party）。

【五】〔美〕亞伯拉罕·林肯：〈片斷〉，一八五四年七月一日；〔美〕亞伯拉罕·林肯：〈答覆斯蒂芬·A·道格拉斯參議員的演說〉，一八五四年十月十六日；〔美〕亞伯拉罕·林肯：〈給喬治·羅伯特法官的信〉，一八五五年八月十五日，載《林肯選集》，頁五八—六七、六八—六九、七二。

自上個世紀八九十年代以來，隨著對華盛頓、傑斐遜的質疑聲逐漸高漲，對林肯的評價也出現了很不同的聲音。【二】問題是許多批評者沒有看到，林肯之所以仍舊存在著種種事實上歧視黑人的言論和想法，同樣也是時代使然。因為，林肯所處的時代正是歐洲開始盛行用生物學、植物學、博物學、人類學等種種科學方法研究論證種族差異，並得出有色人種遠不如白人優秀的時候。這不能不影響到林肯對黑人的看法。他雖同情黑人的境遇，卻對黑白雜處混血可能「危害」白人血統充滿擔憂。這些都使今人很容易發現他也講過許多「政治不正確」的言論，包括在領導南北戰爭和制定解放黑奴政策的過程中也存在過態度搖擺和不徹底的情況。【三】

這一情況再度提醒我們，從野蠻到文明，或曰從「政治不正確」到「政治正確」的歷史演進，不僅在溫斯羅普、傑斐遜和林肯他們那個時代是艱難的、緩慢的，每一代人的進步都注定是有局限的，而且在他們之後的美國，包括到今天以及今後，也同樣是充滿了極其複雜的觀念差異，實現起來是極其困難的。因為，事實明擺著：儘管一八六五年十二月十八日美國國會通過憲法第十三條修正案，從法律上宣告廢除了奴隸制，但美國將法律上的黑白種族平等落實到政治上，卻又花了差不多一百年時間。這還不包括南北戰爭後美國政府一面宣告給黑人以平等權利，一面對外發起大規模領土擴張運動和殖民運動，對內發起針對印第安人的強制性驅逐、隔離、同化運動，和有針對性地限制所謂「劣等」人口移民，甚至還針對所謂「劣質」白人發動過具有官方背景的「消極優生學」運動等等。【三】這些曾經得到過希特勒高度重視和肯定的嚴重「政治不正確」的政策和作法，【四】顯然不能簡單地看成是美國歷史上某個或某幾個歷史人物個人的問題。它們清楚地說明，將「人人生而平等」的主張寫入《獨立宣言》並沒有使美國變得與眾不同。哪怕是在觀念上將「人人」逐漸擴展到「一切人」，美國社會各階層的認識變化也經歷了一個相當漫長的過程，迄今都還尚未達成目標。至於說要把法律上的平等全面落實到

【一】王希：〈「偉大解放者」迷思與真實（代中譯本序）〉，載〔美〕埃里克·方納著，于留振譯：《烈火中的考驗——亞伯拉罕·林肯與美國奴隸制》，頁iii-v。

【二】參見〔美〕霍華德·津恩：《美國人民史》，頁一五二—一五五；〔美〕埃里克·方納：《烈火中的考驗——亞伯拉罕·林肯與美國奴隸制》，頁八七—九六；李軍：《自由的新生——美國內戰風雲錄》（杭州：浙江大學出版社，二〇一四年），頁二二四—二二五。

【三】有學者將這些問題稱為「早期美國」的問題，這顯然不準確。像用醫學手段禁止「次品滋生」的過程就發生在十九世紀末和二十世紀中期，大批低能、弱智或殘疾白人兒童被用來做醫學試驗，成批所謂「問題」青少年被強制閹割。美國甚至有十幾個州通過了強迫絕育法，6.5萬「劣質」白人被強制絕育。一八八二年和一九二四年，美國還先後通過了針對「劣等人」的移民禁令或限額法案。參見〔美〕塞繆爾·亨廷頓著，程克雄譯：《我們是誰？——美國國家特性面臨的挑戰》（北京：新華出版社，二〇〇五年），頁四三；〔美〕艾倫·M·霍恩布魯姆等著，丁立松譯：《違童之願——冷戰時期美國兒童醫學實驗秘史》（北京：生活·讀書·新知三聯書店，二〇一五年），頁一九—二九；Nell Irvin Painter, *The History of White People*, New York: W. W. Norton, 2010, pp. 104-290；等等。

【四】希特勒一九二四年公開表示德國應該效仿美國的做法，以保證日耳曼人的純淨血統不被污染。見〔德〕希特勒著，陳式譯：《我的奮鬥》（臺南：文國書局，二〇〇四年），頁一〇七—一一〇。

政治上，特別是落實到社會上來，其過程自然就更具難度了。

七、幾點討論

行文至此，筆者個人的基本觀點可以概述於後了。

如果今人所說的「政治正確」原則主要指「一切人」權利平等、社會地位平等，以及社會盡力照顧弱勢群體的話，那麼，筆者同意說，這是人類社會由弱肉強食的叢林時代，走向善待「一切人」的歷史發展的一個方向所在。就這一價值判斷和努力方向而言，史家有責任如實揭露並記錄人類歷史上一切因壓迫或歧視而發生的種種反人性、非人道的野蠻現象，特別是有責任深入考察研究人類社會何以不得不在恩格斯所說的「堆積如山的屍體上馳驅她的凱旋車」[一]的原因所在。

但是，如前所述，就人類歷史發展的長程看問題，我們可以清楚地發現，歷史中的人其實並不能像我們今天這樣生產、生活、交往和思想。且時至今日，不同地方、不同社會、不同階層，乃至不同人群間，因種種地理的、物質的、文化的及精神的生存發展條件和時代的影響，社會倫理觀和價值觀仍會存在很大的差異性。我們唯一能夠看到的一點只是，無論何種人群，無論主動或被動，上萬年來幾乎都經歷了由蒙昧野蠻漸進至現代文明這樣一種發展變化的過程。【二】基於此，筆者認同克羅齊（Benedetto Croce）、馬克斯·韋伯（Max Weber）和愛德華·卡爾（Edward Hallett Carr）的觀點，不贊成阿克頓（Lord Acton）、以賽亞·伯林（Isaiah Berlin）以及美國學者康尼爾·李德（Conyors Reed）和戈登·賴特（Gerdon Wright）等人的主張。即相信歷史學家不是法官，不能隔著時空用今人道德的和法律的觀點去審判「過去時代的人」【三】，理應在承認人類社會歷史發展變化的階段性的基礎上，客觀看待不同時代、不同社會條件下歷史中人對其所在社會文明化進程起過怎樣的作用。

就本文涉及的對美國國父的評價問題而言，仍以溫斯羅普、傑斐遜和林肯為例，我們理應注意到，如果拿今人「政治正確」的標準，即使拿今人理解的「人人生而平等」的主張來審視

【一】〔德〕馬克思、〔德〕恩格斯：〈致尼古拉·弗蘭策維奇·丹尼爾遜〉，一八九三年二月二十四日，載《馬克思恩格斯全集》第三十九卷（上）（北京：人民出版社，一九七四年），頁四〇。

【二】有關此一觀點，原始於西方思想家，惟受政治正確觀念的影響，一百多年前即開始發生改變，如今歐美學界已基本視為政治不正確。影響所及，原本相信此說的中國學界的觀點也隨之改變。中國學者近期較系統的論說可見劉禾主編：《世界秩序與文明等級：全球史研究的新路徑》（北京：生活·讀書·新知三聯書店，二〇一六年）一書。筆者對此持不同看法，惟須另文討論。

【三】參見〔美〕李德：〈歷史學家的社會責任〉，載《美國歷史協會主席演説集（1949—1960）》，頁十四—十五；〔美〕戈登·賴特：〈歷史是一門倫理學〉，載中國美國史學會王建華等譯：《現代史學的挑戰——美國歷史學會主席演説集（1961-1988）》，頁二六〇—二七二；〔英〕愛德華·霍列特·卡爾：《什麼是歷史？》，頁七九—八四；等等。

他們，他們也是一個比一個差得遠。作為生活在過去時代中的具體的人，他們每個人都程度不同地存在著嚴重的「政治不正確」的一面。但是，如果我們從三四百年來美國社會從相對野蠻到相對文明，或從嚴重「政治不正確」到當今主流文化通行的「政治正確」的角度看問題，我們也應該能夠發現，至少溫斯羅普、傑斐遜和林肯在他們各自所生活的時代裡都沒有開歷史的倒車，他們每個人在客觀上對推進美國社會從野蠻走向文明，或多或少還有所助益。比如溫斯羅普一代人擴大了英式民主，從而為傑斐遜一代人創建民主共和政府準備了條件；傑斐遜一代人破天荒地創建了世界上第一個高度重視「自由人」的自由權、財產權及平等地位的共和民主國家，並打出了「人人生而平等」的旗號，這又為林肯一代人廢除奴隸制打下了制度的和法律的基礎；林肯一代人從法律上否定了種族壓迫和種族歧視的合法性，為後來者據以將法律上的平等進一步推進到政治平等、社會平等，將黑人平權問題擴大到一切人的平權運動，也提供了重要的啟示和先導的作用。

因此，相對於傳統的主流敘事，如實記述美國歷史上一切因壓迫或歧視而發生的種種反人性、非人道的野蠻現象，深入考察和研究美國從野蠻到文明的發展歷程何以如此艱難曲折，包括充分揭示「過去時代的人」的歷史局限性，顯然是十分必要且重要的。但這並不意味著「改寫歷史」就要否定那些並非「政治正確」、然而從某種程度上或從某個側面客觀上推助過歷史前行的歷史人物。

還是那句話，人類社會歷史的發展是漸進的，沒有人能夠脫離他所在的特定的歷史時空而存在。不僅精英人物是如此，其實，精英人物所由產生的人民大眾更是如此。

（原載《史學月刊》二〇一八年第十期）

作者學術出版要目

1 *Eight Outcasts: Social and Political Marginalization in China Under Mao*, University of California Press, 2019.
2 《「鬼子」來了——現代中國之惑》，廣西師範大學出版社，二〇一六年。
3 《「邊緣人」紀事——幾個小人物的悲劇故事》，廣東人民出版社，二〇一六年。
4 《忍不住的「關懷」——1949 年前後的書生與政治（增訂版）》，廣西師範大學出版社，二〇一三年初版，二〇一六年增訂版。
5 《革命：楊奎松著作集》，廣西師範大學出版社，二〇一二年。
6 《談往閱今——中共黨史訪談錄》，九州出版社，二〇一二年。
7 《讀史求實——中國現代史讀書劄記》，浙江大學出版社，二〇一一年。
8 《「中間地帶」的革命——從國際大背景看中共成功之道》，山西人民出版社，二〇一〇年。
9 《中華人民共和國建國史研究（政治卷）》，江西人民出版社，二〇〇九年。
10 《中華人民共和國建國史研究（外交卷）》，江西人民出版社，二〇〇九年。
11 《學問有道——中國現代史訪談錄》，九州出版社，二〇〇九、二〇一二年。
12 《民國人物過眼錄》，廣東人民出版社，二〇〇九年；四川人民出版社，二〇一三年。
13 《國民黨的「聯共」與「反共」》，社會科學文獻出版社，二〇〇八年。
14 《中蘇關係史綱》（與沈志華等合著），新華出版社，二〇〇七年。
15 《開卷有疑——中國現代史讀書劄記》，江西人民出版社，二〇〇七年。
16 《中國近代通史（第八卷）：內戰與危機》，江蘇人民出版社，二〇〇六年。

17《走近真實——中國革命的透視》，湖北教育出版社，二〇〇一年。

18《中山先生與俄國》（與蔣永敬合著），臺北中山基金會，二〇〇一年。

19《毛澤東與莫斯科的恩恩怨怨》，江西人民出版社，一九九九年初版；三聯書店（香港）有限公司，二〇〇〇年繁體中文版；江西人民出版社，二〇〇五年修訂版。

20《中國共產黨與莫斯科的關係（1920—1960）》，臺北東大圖書公司，一九九七年。

21《西安事變新探——張學良與中共關係之研究》，臺北東大圖書公司，一九九五年版；江蘇人民出版社，二〇〇六年簡體版；山西人民出版社，二〇一二年修訂版。

22《抗日戰爭時期中國對外關係》（與陶文釗、王建朗合著），中共黨史出版社，一九九五年初版；中國社會科學出版社，二〇〇九年修訂版。

23《馬克思主義中國化的歷史進程》，河南人民出版社，一九九四年。

24《失去的機會？——戰時國共談判實錄》，廣西師大出版社，一九九二年初版；新星出版社，二〇一〇年版。

25《中間地帶的革命——中國革命的策略在國際背景下的演變》，中共中央黨校出版社，一九九一年。

26《海市蜃樓與大漠綠洲——中國近代社會主義思潮研究》（與董士偉合著），上海人民出版社，一九九一年。

27《共產國際和中國革命》（與楊雲若合著），上海人民出版社，一九八八年。

作者簡介

楊奎松，歷任《黨史研究》雜誌編輯，中國人民大學講師，中國社會科學院近代史研究所副研究員、研究員、研究室主任，北京大學歷史學系教授，華東師範大學紫江學者、特聘教授、中國當代史研究中心主任。專長領域為中共黨史、中蘇關係史、中國現當代史等。

主要研究著述有：《「邊緣人」紀事——幾個小人物的悲劇故事》、《忍不住的「關懷」——1949年前後的書生與政治（增訂版）》、《中華人民共和國建國史研究（政治卷、外交卷）》、《「中間地帶」的革命——從國際大背景看中共成功之道》、《國民黨的「聯共」與「反共」》、《西安事變新探——張學良與中共關係之研究》、《毛澤東與莫斯科的恩恩怨怨》、《中國共產黨與莫斯科的關係（1920—1960）》、《失去的機會？——戰時國共談判實錄》等。